정보격차와 학교 효과

정보격차와 학교 효과

김 민 희

한국학술정보㈜

서 문

1998년 시작된 교육정보화 정책이 시행된 지 8여년이 지났습니다. 그동안 교육현장에서는 교육정보화 정책으로 인해 학교정보화의 인프라를 구축하고 교육 콘텐츠의 수준을 높이는 등 여러 효과도 있었지만, 이에 못지않은 부작용과 역기능도 나타나고 있습니다. 수집 가능한 정보와 인간 지력의 한계로 인해 어떤 정책이든지 예측하지 못했던 역효과는 존재하기 마련입니다. 그럼에도 불구하고 정책 시행의 부작용과 역효과를 엄밀하게 진단하여 정책을 수정·보완하려는 노력은 지속되어야 할 것입니다.

이 책은 이제 교육정보화 태동기를 넘어서 u-learning 시대로 나아가고 있는 시점에서, 교육정보화의 효과를 학교효과 논의 측면에서 제시하고자 시작되었습니다. 특히 학교정보화 측면에서 학생들에게 제공된 정보화 노력이 '정보격차' 해소라는 새로운 효과를 가져온 것에 주목하여, 정보격차에 대한 논의 구조를 제시하고, 학생 정보격차에 대한 학교효과를 실증적으로 검증함으로써 학교의 노력과 정책적 의지로 인해 정보화 시대에 나타날 수 있는 정보격차를 줄일 수 있다는 측면에 노력을 기울였습니다.

아무쪼록 이 책이 교육정보화에 대해 관심을 가진 모든 사람들에게 조금이나마 도움이 되었으면 하는 바램입니다. 석·박사과정에서 학생과 지도교수는 부모와 자식간 관계보다 더 강하다고 하시며 지금까지 인도해 주신 윤정일 지도교수님, 그리고 이 책이 나오기까지 언제나 든든한 후원자가 되신 부모님, 사랑하는 남편과 준학, 준서, 준경 세 자녀들에게 감사의 마음을 전합니다.

2006년 11월

김민희

목 차

제1장 서 론

21세기 정보사회로 이동하면서 디지털과 네트워크로 대표되는 첨단 정보통신기술의 혁명적 발전으로 인해 사회구성원들은 정치, 경제, 사회, 문화 등 모든 사회적 장의 배열과 운영의 원리가 바뀌는 소위 '패러다임의 변화'를 경험하고 있다. 새로운 사회 변화의 주동인(動因)이 되는 첨단 정보통신기술은 장소와 시간적 제약을 벗어나 언제 어디서나 자유롭게 사용할 수 있는 기술로 발전하면서 사용자들로 하여금 필요에 따라 지식과 정보에 얼마든지 자유롭게 접근하고 활용하는 것을 가능하게 해주고 있다. 이로 인해 정보사회에서는 이전의 산업사회에서 해결할 수 없었던 다양한 사회문제가 해결되어 생활이 더욱 풍요로워질 것으로 기대할 수 있게 되었다.[1]

그러나 정보통신기술의 발전을 기반으로 하는 정보화가 진행될수록 기존의 사회적 문제가 해결되거나 모든 사람에게 혜택을 주지 않으며 오히려 사회적 불평등을 심화시킨다는 비판론적 논의가 현실에 더 부합한다는 주장도 제기되고 있다.[2] 정보사회 비판론자들은 첨단

---

1) Naisbitt, J. and P. Aburden(1990). *Megatrands 2000*. 김홍기 역(1997). 메가트렌드 2000. 한국경제신문사; Bell, D.(1973). *The Comming of Post Industrial Society*. NY: Basic Books; Dizard, W.(1982). *The Coming Information Age: An Overview of Technology, Economics and Politics*. NY: *Longman*.

2) Golding, P. and G. Murdock(1986). 'Unequal Information Access and Exclusion in the New Communications Markets Place'. In Ferguson, M.(ed). *New Communication Technologies and the Public Interest Comparative Perspective in Policy and Research*. CA: Sage Publications.

정보통신기술은 발전 그 자체가 정보의 생산과 이용의 평등한 기회를 보장하는 것이 아니라고 주장한다. 정보통신기술을 사용하기 위해서는 사용자가 정보기기를 통해 제공되는 서비스를 구매할 수 있는 경제적 능력과 이를 사용할 수 있는 기술적·문화적 능력을 일정 수준 갖추어야 한다. 그런데 개인의 경제적·문화적 능력은 매우 불균등하게 배분되어 있기 때문에, 특별한 사회적 대책이 마련되지 않는 한 정보를 가진 자(haves)와 가지지 못한 자(have-nots) 간의 격차, 즉 정보격차(digital divide)로 인해 야기될 사회·경제적 불평등은 피할 수 없다는 데 심각성이 있다는 것이다. 개인의 능력 차이로 인해 나타나게 정보격차는 그 자체로도 문제이려니와 향후 사회·경제적 불평등 구조를 더욱 심화시킬 수 있으므로 궁극적으로 개인의 삶의 기회를 제약하고 사회적 통합을 저해하며 국가적 생존까지도 위협할 수 있다는 것이 정보격차 확산론자들의 주장이다.[3]

정보격차로 인해 야기될 새로운 사회적 불평등에 대한 이론적 관심은 1995년 미국 상무성 산하 정보통신청(NTIA)에서 지역, 소득, 인종, 연령, 계층에 따라 사회 구성원 간 정보격차가 지속적으로 확산되고 있다는 발표를 기점으로 본격적으로 논의되기 시작했다.[4] 실제로 인터넷으로 대표되는 정보통신기술의 접근과 이용 면에서

---

pp.71~83; Schiller, H. (1986). *Information Inequality*. NY: Routledge. 김동춘 역(2000). 정보불평등. 민음사.

3) Castells, M.(1989). *Information City*. Basil Blackwell. 김병두 역(2001). 정보도시: 정보기술의 정치경제학. 한울 아카데미; Rogers, E. and A. Picot(1985). *The Media Revolution in America and Western Europe*. NJ: *Ablex Publishing*.

4) U. S. Department of Commerce(1995, 1998, 1999). *Falling Through the Net*; U. S. Department of Commerce(2000). *Falling Through the* Net: *Toward Digital Inclusion.*

성, 연령, 학력, 소득, 직업, 인종, 지역에 따라 국가 간·국가 내에 상당한 격차가 존재하고 있음이 후속 연구들을 통해 밝혀지면서 정보격차를 해소하기 위해서는 국가가 강력하게 개입해야 한다는 요구가 높아지고 있다.5)

우리나라의 경우에도 성별, 지역별, 교육 수준별, 소득수준별, 직업별, 연령별로 정보격차가 나타나고 있는데,6) 심상완과 김정석은 성별, 지역별 격차는 점차 완화되어 가고 있으나 연령별, 교육 수준별, 소득수준별 격차는 시간이 흐를수록 지속·심화되어 가는 경향을 보인다고 하였다.7) 통계청에서는 가구의 계층 간 소득불평등 정도를 나타내는 지니계수가 1991년도의 0.247에서 1996년도에는 0.290으로, 2000년도에는 0.351로 지속적으로 높아지고 있다고 발표한 바 있다.8) 전병유 외의 연구에서는 이러한 소득격차의 원인이 정보통신기술산업의 발전과 밀접하게 관련되어 있다고 하면서 정보 활용능력을 갖춘 사람과 그렇지 못한 사람 간의 정보격차로 인한 사회적 불평등 정도는 더 벌어질 것으로 추정하였다.9) 이외에도 저소득층이나 장애인과 같은 정보

---

5) UNDP(1999). *Human Development Report;* U. K. Department of Teade and Industry(198). *Our Information* Age: *The Government's Vision; Ministry of Industry(1996). Building the Information Society: Moving Canada into the 21st Century; Australian Bureau of* Statistics(2000). *Use of Internet by householders;* OECD(2000). *Understanding the Digital Divide.*

6) 한국정보문화센터(2001a). 2001 국민정보생활 및 격차 현황. 동향분석 01-01.

7) 심상완·김정석(2001). '한국의 정보격차 추이 1995~2000'. 동향과 전망 50. pp.247~271.

8) 통계청(2002). 2000년 가구소비실태 조사결과.

9) 성명재(2001). 소득분배 변화 추이와 결정요인 분석: 도시가구를 중심으로. 한국조세연구원; 전병유 외(2001). 정보통신기술과 노동시장. 한국노동연구원; 한겨레신문 2002년 2월 21일자 사회면.

소외계층은 정보기기 자체에 대한 접근이 어렵고, 매체에 대한 접근이 어렵기 때문에 활용 능력 또한 낮아 사회생활에서 이중적인 정보격차(double digital divide)를 겪고 있는 것으로 보고되고 있다.[10] 이러한 현상들은 정보격차가 개인의 삶의 질을 제약할 뿐 아니라 사회 구성원 간의 통합을 저해하는 요인으로 작용하게 된다는 전망이 현실화되고 있으며, 정보격차로 인해 야기될 사회적 불평등 정도가 향후 심각한 사회문제화 될 것을 예고하고 있다. 이러한 위기의식하에 세계 각국의 행정부와 UN, G-8 정상회담, OECD 등의 국제기구에서도 개인의 삶의 질을 향상시키고 사회적 통합을 도모함으로써 국가경쟁력 및 생산성을 향상시키는 데 목적을 두고 국가 간·국가 내의 정보격차 해소를 위한 다양한 실천적 방안을 모색하고 있다.[11]

그런데 정보격차 현상을 밝히려는 논의들 속에서 공통적으로 발견할 수 있는 특징은, 정보격차를 해소하기 위한 최선의 실천적 대안을 '교육'에서 찾고 있다는 점이다. 이러한 논리는 학생들에게 정보사회가 요구하는 정보이용 및 정보 활용 능력, 정보분석 능력을 제공함으로써 기술적·문화적 결핍으로 인해 나타나게 될 정보격차를 해소하는 데 학교가 보상적 평등 역할(compensatory equalizing role)[12]을 담당해야 한다는 것으로 정리해볼 수 있다. 제2단계 교육정보화종합발전 방안 및 교육인적자원부 외 13개 부처에서 추진 중

---

10) 정보통신부(2001). 정보격차 해소 종합계획(2001~2005). p.2; 한국전산원(2000a). 소외계층 정보화를 위한 정보격차 실태 조사.

11) 한국전산원(2000c). 정보격차 해소를 위한 종합방안 연구보고서. NCA I-RER-00092.

12) OECD(2000). *Schooling for Tomorrow: Learning to Bridge the Digital Divide.* p.54.

인 정보격차 해소 대책 등은 학교가 이와 같은 역할을 수행할 수 있도록 인적·물적·제도적 정보화 지원체제를 구축하려는 국가적 차원의 노력이라고 할 수 있을 것이다.[13]

이와 같은 실천적인 노력이 진행되고 있는 가운데 새로운 사회적 불평등의 원인으로 주목받고 있는 정보격차 현상이 학생 집단 내부에서도 나타나고 있다는 연구결과들이 보고되고 있어 주목하지 않을 수 없다. 학생 정보격차 연구의 효시는 1980년대 학교에 컴퓨터가 보급되기 시작하면서 컴퓨터 이용에서 나타나는 격차의 원인을 찾으려는 연구들에서 찾아볼 수 있으나, 사회적 불평등 논의의 연장선상에서 출발한 정보격차의 구조와 쟁점을 반영하여 이에 직접적인 관심을 가지고 연구가 수행된 것은 1990년대 후반부터라고 할 수 있다. 국내의 연구로는 청소년 정보격차 실태를 밝힌 한국청소년개발원의 연구[14]가 대표적이며, 국외의 연구로는 경제개발협력기구(OECD),[15] 벡커(Becker),[16] 미국의 교육관련 정기간행물인 Edweek의 연구[17] 등을 들 수 있다. 이외에도 정숙경과 손경애의 연구에서는 학생들의 컴퓨터 이용이나 정보리터러시의 격차에 영향을 미치는 요인을 밝히고자 하였다.[18]

---

13) 교육인적자원부(2003). 2003 교육정보화촉진 시행계획(안): 교육인적자원부 외 13개 부처(2002). 정보격차 해소 종합방안.

14) 한국청소년개발원(2001). 청소년 정보격차 실태와 대책 연구. 연구보고 01-R19.

15) OECD(2000). *op. cit.*

16) Becker, H. J.(2000). 'Who's Wired and Who's Not: Children's Access and Use of Computer Technology'. The Future of Children. *Children and Computer Technology* 10(2). pp.44~75.
   (http://www .futureofchildren.org)

17) Edweek(2001). *Technology Counts 2001: The New Divides.* The newest annual report.

　그러나 이와 같은 선행 연구들은 학생 정보격차 논의를 발전시키고 해소 대책을 마련하기 위한 시각에서 종합해보면 다음과 같은 한계점을 지니고 있다. 첫째, 정보격차는 그것이 발생하는 논의 구조 속에서 파악되어야 하는 개념으로, 현재 2-수준 격차(2-level divide) 구조를 지니고 있는 것으로 알려져 있다.[19] 정보격차가 가시적으로 드러나기 시작하는 단계인 1-수준에서의 격차는 정보접근과 정보이용 영역에서 나타나는 격차라고 할 수 있으며, 정보기기 보급이 보편화되는 고도정보화사회로 이행하는 과정에서는 1-수준의 격차와는 질적으로 다른 2-수준 격차로 분화 발전하게 된다. 2-수준에서 발생하는 격차의 특징은 제공되는 정보의 질적 성격과 그것을 활용하여 생산적인 활동과 어느 정도로 연결시키느냐와 관련이 되어 있다. 다시 말해 1-수준에서의 격차가 기기 보급을 통한 접근성의 확대나 정보통신기술 이용 교육 등을 통해 해결된다고 하더라도 이것이 곧바로 정보를 생산적으로 활용하는 2-수준의 격차까지 해소할 것으로 기대하기는 어렵다는 것이다.[20] 최근의 정보격차 쟁점 역시 '누가 정보매체에 더 잘 접근할 수 있는지, 누가 더 많은 정보를 취득할 수 있는지'의 문제에서 '누가 정보를 올바르게 사용하는지, 혹은 정보 자체에 대해 어떤 태도를 가지고 있는지'라는 2-수준 격차 해소로 이동하는 추세이다. 따라서 정보격차 정도

---

18) 정숙경(2001). '청소년의 성별 정보격차 실태'. 한국청소년개발원. 청소년 정보격차 실태와 대책연구. pp.167~189; 손경애(2001b). '한국 고등학생의 PC 이용격차 경로분석 연구'. 한국교육행정학회. 교육행정학연구 19(2). pp.135~162.

19) 정보통신부(2001). 전게서.

20) 김문조·김종길(2002). '정보격차의 이론적·정책적 제고'. 한국사회학 36(4). pp.123~155; 서이종(1998). 지식정보사회학. 서울대학교 출판부.

를 실제로 측정하는 연구가 보다 의미가 있기 위해서는 정보격차의 다차원적이고 복합적인 구조를 고려해야 할 필요성이 제기된다. 이러한 필요성에 비추어 볼 때, 기존의 학생 정보격차 관련 연구들은 대부분 컴퓨터에의 접근이나 이용 등에 한정된 단일 측면에서 발생하는 격차만을 분석의 대상으로 하고 있어 정보격차의 논의 구조를 반영하지 못하는 한계를 지니고 있다.

둘째, 정보격차와 관련된 연구는 현상을 드러내줄 뿐 아니라 이를 유발시키는 원인이 무엇인지도 밝힘으로써 정책적 대안을 마련하는 데 유용한 정보를 제공해줄 수 있어야 한다.[21] 사회구성원들의 정보격차를 파악하고 정보화 수준을 평가하기 위한 연구들에서는 성별, 학력, 소득, 직업, 지역 등 인구통계학적 변인으로 정보격차의 원인을 밝히는 경향이 강하다. 실제로 이와 같은 개인 배경 변인들이 정보격차에 미치는 영향은 매우 큰 것으로 나타나고 있다.[22] 특히 사회·경제적 지위는 정보격차를 지속·심화시키는 주요한 원인으로 드러나고 있어[23] 현재의 정보격차가 사회·경제적 불평등으로 구조화되어 갈 것이라는 정보격차 가설이 현실화되고 있다는 우려를 낳고 있다.

반면, 정보격차는 이와 같은 인구통계학적 변인 이외에 개인이 속한 조직 환경의 영향으로 인해 나타난다. 킨케이드(Kincaid)와 로저스(Rogers)가 새로운 매체의 채택이나 이용 격차에 있어 주요

---

21) 최홍석(2000). '정보불평등 해소를 위한 정책방향'. 한국전산원. 정보화저널 7(1). pp.9~31.

22) 한국정보문화센터(2001a). 2001 국민정보생활 및 격차 현황. 동향분석 01-01.

23) 김정석·심상완(2001). '한국의 정보격차 추이 1995~2000'. 동향과 전망 50. pp.247~271; U. S. Department of Commerce(1995, 1998, 1999). *op. cit.*

한 영향원이 개인의 특성뿐 아니라 개인이 연계된 집단의 특성과도 관련이 있다는 연구결과[24]를 제시한 이후 개혁적인 집단이나 조직의 특성을 연구하기 위한 노력들이 진행되고 있다. 성이나 사회·경제적 지위와 같은 인구통계학적 변인과는 달리 이러한 조직 특성을 반영한 변인들은 조직 차원의 노력이나 정책적 처방을 통해 해소가 가능하다는 점에서 정보격차의 원인을 찾으려는 연구의 관심을 불러일으키고 있다.

이렇게 볼 때 기존의 학생 정보격차와 관련된 연구들은 학생을 둘러싼 다양한 개인적·조직적 환경의 영향을 고려하여 다각적인 측면에서 정보격차 현상을 분석하려는 노력은 부족했던 것으로 보인다. OECD의 연구에서는 학생들의 ICT 기술을 결정하는 요인으로 학교 ICT 이용 정도를 제시했으나, 이를 경험적으로는 밝히지 못하였다.[25] 정숙경은 청소년들의 성별 정보리터러시 격차의 요인으로 성이나 사회·경제적 지위와 같은 개인적인 요인뿐 아니라 학교의 정보화 환경이나 교사의 정보화 중요성 강조 등 학교 요인을 언급하고 있으나 보다 포괄적인 측면에서 학교 환경의 영향을 고려하지는 못하였다.[26] 손경애의 연구에서는 고등학생들의 PC 이용격차에 정보추구욕구와 같은 사회심리적 배경변인이 영향을 미치고 있다는 것을 새롭게 밝혔으나 이 또한 학교 환경을 고려하지 못한 제한적인 분석이라는 데 한계가 있다.[27]

---

24) Kincaid and Rogers, E. M. (1981). *Communication Networks: Toward a New Paradigm for Research*. NY: The Free Press.

25) OECD(2000). *op. cit.* p.54.

26) 정숙경(2001). 전게논문.

27) 손경애(2001). 전게논문.

셋째, 학생 정보격차에 대한 학교 환경의 영향력을 분석하고, 학교를 통한 정보격차 해소 방안을 제시하기 위해서는 학생 배경변인과 학교 특성 요인과의 관계를 엄밀히 고려한 연구방법을 적용해야 한다. 다시 말해 학생 정보격차에 영향을 미치는 학교 특성 요인들을 탐색하기 위해서는, 학생 배경변인을 통제한 후 분석 단위의 수준을 고려한 연구방법을 적용하여 순수하게 학교가 미치는 영향력이 어느 정도인지 밝히는 과정이 필요하게 된다.

어떤 특정한 학교의 정책이 학생에게 미치는 영향을 검증하고자 할 때 수집되는 자료는 학교 수준 및 학생 수준의 위계를 지닌 구조를 지니고 있다. 이 경우 전통적인 통계 모형을 사용하면 자료의 위계적 구조로 인해 연구결과가 타당성을 잃는다는 문제점이 계속 지적되어 왔다.[28] 앞서 지적한 학생 정보격차와 관련된 연구들 역시 개인과 학교 수준의 분석 단위와 수준을 고려하지 않은 기존 연구 방법상의 한계를 그대로 지니고 있다.[29] 그러므로 학교가 학생 정보격차에 영향을 미치는 범위를 분석하고 정책대안을 제시하기 위해서는 학생 배경변인을 통제한 이후에 나타나는 순수한 학교의 영향력을 탐색해볼 필요가 있을 것이다.

이러한 문제의식과 필요성에 따라 제2장에서는 정보격차의 논의 구조에 대해 밝히고, 제3장에서는 학생 정보격차에 대해 학교가 미치는 총체적인 영향력의 크기, 즉 학교 효과가 어느 정도인지를 탐색하고 이를 설명할 수 있는 학교 특성 변인의 효과를 경험적으로

---

28) 강상진(1997). 다층자료(Multi-level Data) 분석 방법: 2-Level Model을 중심으로. 한국교육평가학회. 통계자료 분석 Workshop 자료집; 성기선 편저(1998). 학교효과 연구의 이론과 방법론. 원미사.

29) 정숙경(2001). 전게논문; Becker, H. J.(2000). *op. cit.*

분석한 결과를 제시하고자 한다.

제2장 정보격차 논의 구조

1. 정보화 사회[30]의 도래와 정보격차 현상

가. 정보격차 논의의 배경

1980년대 이후 냉전체제가 붕괴되고, 첨단 정보통신기술의 혁명적 발전으로 인해 현대사회는 '문명사적인 대전환기', '패러다임의 변화'로 불리는 새로운 세기적 변환기를 맞이하고 있다. 이처럼 이전의 산업사회와는 질적으로 다른 사회 운영원리를 동반한 사회를 후기산업사회 혹은 지식정보사회라고 부른다.[31] 지식정보사회의 동인(動因)과 실체에 대해 기술결정론적 관점, 사회변동론적 관점 등 다양한 관점으로 논의가 전개되고 있으나[32] 정보사회의 도래는 인간의 의지

---

30) '정보화 사회'라는 용어는, 1968년 도쿄에서 개최된 미국과 일본의 미래학자 심포지엄에서 정보통신기술의 발전으로 나타나는 후기산업사회의 명칭을 '정보화 사회'라고 부르자는 일본 측 학자의 제안에 의해 세계적으로 통용되기 시작했다고 알려져 있다. 일반적으로 '정보화사회'는 '정보화'가 진행되는 과정을 강조하는 용어이고, '정보사회'는 정보화의 진행이 어느 정도 이루어진 사회를 지칭한다. 정보사회가 더욱 성숙하여 광대역 종합정보통신망(B-ISDN)을 중심으로 한 디지털 혁명이 성숙 단계에 들어서고, 이에 대한 사회적 수용 여건이 갖추어진 시기를 상정하여 '고도정보사회(a society being widely and deeply infomatized)'라고 한다(권기헌(1997). 정보사회의 논리. 나남. pp.52~53.)

31) Bell, Daniel(1973). *The Coming of Post Industrial Society.* NY: Basic Books.

32) 권기헌(1997). 전게서. pp.52~70.

작용의 연속선상에서 인류가 창조해 온 기술의 축적과 이를 토대로
이루어진 사회구조적 전개 현상으로 보는 사회형성론적 관점이 설득
력을 얻고 있다.[33] 사회형성론적 관점에서 볼 때 정보사회란, 〈그림
Ⅱ-1〉에 제시된 바와 같이, 기술 요인이 하나의 동인이 되고 이를 사
회 여건이 더욱더 필요로 하는 상황으로 발전하여 정보매체의 사회적
응용과 활용이 고도화되는 상호 복합적 전개과정을 거쳐 발전하는 사
회를 의미한다.

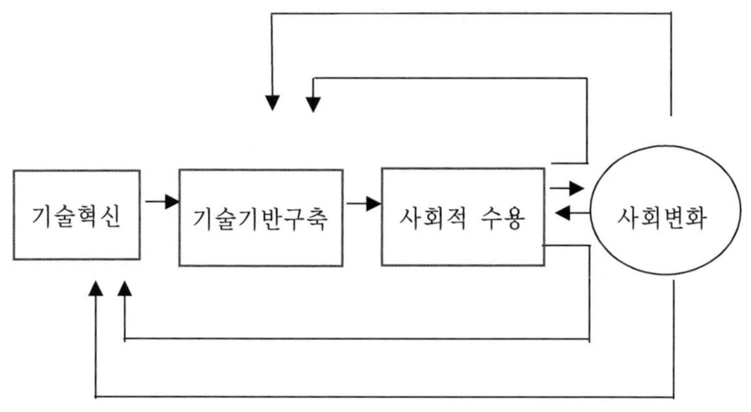

자료: 서이종(1998). 전게서. p.313.

〈그림 Ⅱ-1〉 기술과 사회변동의 상호작용 모형

정보사회의 도래로 말미암아 사회구성원들은 정치, 경제, 사회,
문화 등 모든 사회적 장(場)의 배열과 운영의 원리가 바뀌는 변화
를 경험하게 된다. 박형준은 이러한 새로운 사회로의 변화 양상 중

---

33) Beniger, J. R. (1986). *The Control Revolution: Technological and
Economic Origins of the Information Society.* MA: Havard University
Press.

에서 가장 중요한 요체를 다음의 세 가지로 정리하였다[34] : 첫째, 시간-공간의 압축(compression)으로 인한 직접적-대면적 상호작용이 증가한다는 점, 둘째, 인간의 지적 능력 및 지적 노동에 대한 생산을 비롯한 사회 각 분야의 의존도가 대단히 높아짐에 따라 '지식노동의 생산성' 자체가 주된 사회목표가 되고 있다는 점, 셋째, 기업 간, 사회 각 부문 간, 국가 간 경계가 이완되고 상호 네트워크화된다는 점. 이러한 변화의 주된 동인이 되는 첨단 정보통신기술과 디지털 혁명은 산업사회의 근본적인 폐해 요인이 되었던 표준화와 대량생산의 패러다임을 극복해주고, 인간의 소외현상을 줄이며 시간의 감소 및 생산성의 증대, 여가의 증대와 삶의 질을 향상시킬 것으로 기대되고 있다. 즉, 정보사회에서는 첨단 정보통신기술의 발전으로 인해 이전의 산업사회에서 해결할 수 없었던 사회적 문제가 극복되고, 사람들의 생활이 더 평화롭고 문화적으로 풍부하게 되며, 나아가 사회적 불평등까지도 극복할 수 있는 환경이 제공될 것이라는 기대가 실현될 것으로 알려지고 있다.[35]

그러나 정보사회는 긍정적이고 부정적인 사회적 영향의 측면을 동시에 지니고 있기 때문에(⟨표 Ⅱ-1⟩ 참조), 정보사회의 도래가 향후 인간의 삶과 문화에 어떠한 변화를 가져올 것인가에 대한 논의는 다양한 관점과 시각에서 접근 가능하다. 최근에는 앞서 제시한 정보사회에 대한 낙관론적 전망에 대해, 사회 각 부문의 정보화가 진행될수록 기

---

34) 박형준(1996). 정보화의 문명사적 의미와 국가 전략의 방향. 박영률출판사. pp.19~21.

35) 신기술이 보급 초기에는 소수만이 사용하지만, 시간이 지나면서 사회 전반으로 넘쳐흘러 들어가는 침투이론(trickle down effect)이나, 토플러(Toffler)나 벨(Bell) 등이 주장하는 정보사회 사회의 낙관론적 전망이 이에 해당한다.

존의 사회적 문제가 해결되거나 정보화의 혜택이 모든 사람들에게 골고루 배분되지는 않을 것이라는 비판적인 관점이 설득력을 얻고 있다. 특히 관심의 초점을 사회적 불평등의 구조와 원인과 같은 사회문제에 맞출 경우, 정보사회에서 나타나는 새로운 불평등 현상에 관심을 기울이지 않을 수 없다. 이때 정보사회의 기본 생산요소인 지식과 정보의 획득 및 이용과 관련하여 나타나는 새로운 사회적 불평등의 원인이라고 불리는 정보격차(digital divide) 현상이 필연적으로 주목을 받게 된다. 요컨대, 정보사회에서 나타나는 새로운 유형의 불평등의 구조와 요인을 파악하기 위해서는 정보격차에 대한 이해가 필수적이라고 할 수 있다.

〈표 Ⅱ-1〉 정보화가 사회생활에 미치는 결과

긍정적 결과	부정적 결과
문화와 사회	
개인의 자유 발전, 사회협력 증대,	코드화된 인간, 개인의 고립화,
의사소통적인 사회, 지적수준 상승,	생활의 탈인간화, 정보의 홍수,
정보의 자유로운 접근, 보편적 이용	문화의 향락화, 사회적불평등 심화
정 치	
참여, 자유의 확대,	보이지 않는 손에 의한 통제,
수직적 위계질서의 파괴,	프라이버시 침해, 정보권력 강화,
전자민주주의의 확산	지적 엘리트의 영향력 강화
경제와 노동	
생산성 향상, 노동의 질 향상,	불확실성, 불안정성의 증대,
합리화, 소비자중심의 경제,	대량실업, 스트레스 심화,
새로운 직업 창출, 창의력 중시	직업변동, 환경파괴, 소비 심화
국제관계	
지구촌의 상호협력 체제,	정보 강대국의 지배,
발전도상국의 발전 기회,	국제적 정보격차의 심화,
지식정보의 국제적 공유,	정보/문화제국주의,
핵무기 및 재래 무기의 감소,	비핵 첨단무기체제의 강화

자료: 박형준(1996). 전게서. p.30.

정보격차는 디지털 정보통신기술 환경에 접근할 수 있는 정보부자(haves)와 정보빈자(have-nots) 사이의 사회적 격차를 일컫는바, 구조적으로 그 격차가 심화될 수 있다는 점에서 정보불평등(information inequality) 개념과도 밀접한 관련을 지니고 있다.[36] 정보격차는 디지털 정보통신기술에 기반을 두고 드러나는 사회구조적 불평등 현상이므로 정보기술 확산의 과도기 또는 전이기에서의 단순한 차이를 넘어선다고 알려져 있다.[37] 즉 정보사회에서 정보격차는, 적어도 일정 기간에, 정보접근 및 활용능력을 줄이고 정보를 활용하는 생활습관이나 양식을 만들지 못함으로써 교육을 받을 수 있는 기회와 다양한 문화생활의 기회 등 삶의 기회를 제약하고 이를 통해 삶 자체까지도 제약할 수 있다는 것이다. 예컨대, 정보확산 과정에서 특정 시점의 정보빈자는 정보네트워크에 접근할 수 있는 능력이 낮아서 활용할 능력에도 제약을 받으며, 활용할 능력이 낮기 때문에 다른 교육이나 직업기회를 상실할 가능성은 불평등한 상태에 처하게 된다.

정보사회 초기에는 비교적 경제적 불평등과 교육·문화적 불평등이 정보불평등을 형성하고 정보불평등이 다른 사회적 불평등으로 전이되는 사회적 힘이 약하지만, 정보통신기술의 발전과 더불어 사회적으로도 이를 활용하는 영역이 확대되는 고도정보사회에서는 정보불평등이 경제적 불평등과 교육·문화적 불평등을 확대·재생산시키는 역할을 수행하게 된다. 따라서 정보격차가 정보불평등으로 구조

---

36) 서이종(2001). '디지털 환경에서 정보격차의 개념'. 행정자치부. 행정과 전산 23(1). pp.31~32; 윤영민(2000). '정보불평등의 구조와 과정'. 사이버 공간의 정치. 한양대학교 출판부.

37) 서이종(2001). 전게서. p.30.

화되어 간다는 것은, 정보통신기술매체의 발전과 더불어 구조적으로 경제적 불평등과 교육·문화적 불평등으로 확대되어 전이되며, 이러한 불평등은 취업 기회와 교육기회를 제약함으로써 새로운 사회·경제적 불평등을 재생산시키는 순환적 과정으로 이어진다는 것을 의미한다. 이상의 논의를 도식으로 제시하면 〈그림 Ⅱ-2〉와 같다.

결국 정보격차는 정보확산과정의 단순한 과도기적 현상을 넘어서 매체의 보급이 급속하게 확산되어 가는 사회적 환경을 통해 더 급속하게 확산되고 전이될 수 있으며, 이러한 격차는 정보사회에서 사회·경제적, 교육·문화적 불평등을 초래하는 정보불평등으로 구조화되어 가면서 심각한 사회문제를 초래하는 요인으로 작용하게 될 것이다. 따라서 정보격차로 인해 야기되는 사회적 불평등을 해소하고 이를 넘어서 국민들의 삶의 질을 향상시키기 위해서는 보다 적극적인 정부 정책의 개입을 요구하게 된다. 이러한 맥락에서 정부의 정보화 정책이 정보복지(information welfare)를 추구하는 방향으로 전환해야 한다는 논의[38]도 활발하게 이루어지고 있다.

---

[38] 서이종(1998). **지식정보사회학**. 서울대학교 출판부. pp.291~304: 유재천 (2000). '정보복지사회의 구현'. 한국전산원. **정보화저널** 7(1). 정책칼럼: Kahin, Brain and James Keller. (1995). *Public Access to the Internet.* MIT Press: Kahin, B. and E. J. Wilson Ⅲ(eds.)(1997). *NII Initiatives: Vision and Policy Design.* MIT Press.

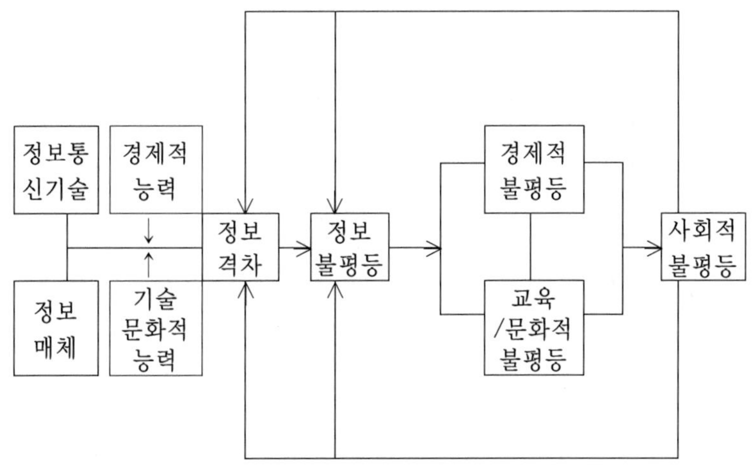

〈그림 Ⅱ-2〉 정보격차와 사회적 불평등과의 관계 모형

나. 정보격차의 개념과 구조

일반적으로 정보격차란 '정보의 접근과 이용이 여러 사회집단 간 동등한 수준으로 진행되지 않는 현상을 지칭하는 포괄적인 용어'로 정의되고 있다.[39] 전석호는 '정보격차란 정보의 접근과 이용이 각 개인마다 다르게 작용되는 정보불평등 현상을 의미한다'라고 정의하고 있으며,[40] 박형준은 정보격차 대신 정보불평등이라는 용어를 사용하여 '각종 정보기술과 정보통신 네트워크, 그리고 데이터베이스 등 정보사회에서 중심적인 사회 자원에 대한 접근과 이용, 그리고 점유 수준에서의 격차로 인해 발생하는 불평등 현상'이라고 하

---

39) 한국전산원(2000c). 정보격차 해소를 위한 종합방안 연구보고서. NCA I-RER-00092.

40) 전석호(1993). 정보사회론: 커뮤니케이션 혁명과 뉴미디어. 나남.

였다.[41) 서이종은 디지털 정보격차라는 개념을 사용하면서 이를 '디지털 기술 네트워크 환경을 기초로 한 정보접근 및 정보 활용의 차이'를 의미한다고 하였다.[42)

최초로 정보격차를 'digital divide'라는 용어로 표현한 미국 상무부에서는 정보격차를 '전화, 컴퓨터, 인터넷을 통해 신기술(digital)에 접근하는 집단과 그렇지 못하는 집단 간의 단절(divide)'로 정의하고 있으며,[43) OECD에서는 '개인, 가정, 기업 및 지역들 간에 서로 상이한 사회·경제적 여건으로 인해 정보통신기술(ICT)에 대한 접근기회와 다양한 활동을 위한 인터넷 이용에서 나타나는 차이'로 정의하고 있다.[44) 최근에 제정된 우리나라의 정보격차해소에관한법률에서는 정보격차를 '경제적, 지역적, 신체적 또는 사회적 여건으로 인해 정보통신망을 통한 정보통신서비스에 접근하거나 이용할 수 있는 기회에 있어서의 차이'로 규정하고 있다.[45) 한국전산원에서는 정보격차를 주체, 대상물, 심화정도, 메커니즘으로 구분하고 각 구분에 따른 정보격차의 종류를 다음 〈표 Ⅱ-2〉와 같이 제시하고 있다.

---

41) 박형준(1997). 21세기의 이해. 동아대학교 출판부.
42) 서이종(2001). 전게논문. pp.28~34.
43) U. S. Department of Commerce(1995, 1998, 1999, 2000). *op. cit.*
44) OECD(2001b). *Understanding the Digital Divide.* p.5.
45) 정보격차해소에관한법률(2002. 12. 18 개정) 제2조 제1항 제1호.

〈표 Ⅱ-2〉 한국전산원의 정보격차 분류

구 분	종 류
정보격차의 주체	성별·계층·세대·지역 간 민간과 공공 간 장애인과 일반인간 국가 간 정보격차
정보격차의 대상물	아날로그 정보 격차 디지털 정보격차 일상생활정보 격차 업무관련 정보 격차
정보격차의 심화 정도	정보취약 정보단절 정보계층화 정보계급화
정보격차의 메커니즘	정보 접근격차 정보 활용격차 정보 생산격차

자료: 한국전산원(2000). 전게서. p.6.

지금까지 제시한 다양한 정보격차의 정의를 종합해보면, 정보격차란 주체와 영역, 대상, 원인의 네 가지 요소로 구성된 복합적이고 구조적인 개념으로 이해할 수 있다. 이를 간략히 설명하면 다음과 같다. 첫째, 정보격차의 주체는 개인, 기관(조직), 국가 단위에서 다양하게 나타날 수 있다. 또한 같은 단위에 속하는 집단 내부에서도 정보격차가 존재할 수 있다. 둘째, 정보격차는 그것이 발생하는 구분된 영역이 있다. 지금까지 제시한 정보격차의 정의에서는 정보접근과 이용을 정보격차가 발생하는 주된 영역에 포함시키고 있다.

셋째, 정보격차의 주된 대상이 되는 매체는 디지털로 대표되는 신기술, 즉 새로운 정보통신기술(ICT)을 적용한 매체를 의미한다. 따라서 책이나 신문과 같은 아날로그 정보는 정보격차 분석 대상에 포함시키지 않는다. 넷째, 정보격차를 유발시키는 원인이 존재한다. 지금까지 밝혀진 정보격차의 원인은 사회·경제적, 지역적, 신체적 환경 등으로 알려져 있다. 그런데 정보격차의 개념을 구성하는 이상의 네 가지 요소는 정보사회의 이행 단계에 따라 그 내용과 초점이 조금씩 달라지는 특징을 지니고 있다. 이를 각 요소에 따라 구체적으로 살펴보면 다음과 같다.

우선, 정보격차의 주체 측면에서 보면, 정보격차 현상이 처음 등장한 1990년대 초반에는 성별, 연령별, 직업별로 사회구성원들을 구분하고 이들 간에 정보격차가 어떻게 나타나고 있는지에 주로 관심이 있었으나, 이후에는 특정한 대상 집단 내부의 정보격차 현상에 대한 관심으로 옮겨가는 추세이다. 예컨대, 일반 국민들 중에서도 여성 집단 내 혹은 같은 연령대에 있는 개인 간의 차이로 정보격차의 정도와 주된 원인을 파악하는 경향을 보이고 있다.[46]

둘째, 디지털 정보통신기술을 기반으로 발전되고 있는 매체의 종류뿐 아니라 기술 발전의 영향으로 인해 부가가치 창출이 가능한 인간의 활동 영역까지 포함하면서 정보격차의 적용 대상 범위가 확대되고 있다. 초기 정보격차 측정 대상은 주로 '컴퓨터'에 한정되어 있었다면, 최근에는 인터넷, 네트워크, 무선인터넷 등으로 그 대상

---

[46] 한국여성개발원·한국인터넷정보센터(2002). 정보격차와 여성: 여성의 정보격차와 불평등을 어떻게 해소할 것인가?. 여성의 정보격차 및 정보불평등 해소 정책 세미나 자료집: 한국전산원(1997). 장애인의 정보통신서비스 이용 활성화 방안: 한국전산원(2000). 소외계층 정보화를 위한 정보격차 실태조사.

이 확대되어 가고 있으며,[47] 가상공간(cyberspace)에서의 활동까지도 정보격차 분석에 포함시켜야 한다는 주장도 제기되고 있다.[48]

셋째, 정보격차가 발생하는 영역에 대한 논의를 살펴보면, 고도 정보사회로 이행하면서 그 범위가 확장되고 있음을 알 수 있다. 정보사회가 성숙단계에 접어들수록 정보기기에 대한 보편적 접근의 차원보다는 주체적 향유 및 제공되는 정보의 질적인 측면이 중시되어 가는 경향이 있다. 이러한 단계에서는 정보격차가 보여주는 다차원적이고 복합적인 국면이 보다 중요하게 취급되어야 한다. 최근 정보격차의 쟁점은, 누가 정보매체에 더 잘 접근할 수 있는지, 누가 더 많은 정보를 취득할 수 있는지와 같은 양적 접근에서 누가 정보를 올바르게 사용하는지, 혹은 정보 자체에 대해 어떤 태도를 가지고 있는지, 어떻게 생산적으로 정보를 활용할 수 있도록 할 것인지의 활용 및 성과를 중시하는 접근으로 그 소재가 이동하고 있다. 이렇게 정보접근과 이용의 단계에서 발생하는 격차를 1-수준 격차(1-level divide)라고 한다면 정보 수용자들의 주체적 향유 및 제공되는 정보의 질적인 측면에서 발생하는 격차는 2-수준 격차(2-level divide)라고 할 수 있을 것이다.[49] 이러한 틀에 비추어 지금까지 논의된 정보격차의 영역을 구분해보면, 정보수용자의 향유나 생산적 활동과 같은 질적인 측면은 포함시키지 못하고 주로 접근 기회와 이용의 측면에 그 영역이 국한되어 있음을 알 수 있다(〈표 Ⅱ-3〉 참조).

---

47) 한국인터넷정보센터(2003). 인터넷 이용자 수 및 이용 행태 조사; 한국청소년개발원(2002). 청소년 정보화 실태조사 연구. 연구보고 02-R15.
48) 황진구(2000). 전게서. p.17; 서이종(2001). 전게논문. p.29.
49) 정보통신부(2001). 전게서. p.2.

<표 Ⅱ-3> 정보격차 발생 영역

구 분	1-수준(level) 격차	2-수준(level) 격차
전석호(1993)	접근, 이용	
미국 상무부(1995)	접근	
박형준(1997)	접근, 이용	
한국전산원(2000)	접근, 이용	생산
OECD(2001)	접근, 이용	
정보격차해소법(2001)	접근, 이용	
서이종(2001)	접근	활용

구체적으로 정보격차가 발생하는 영역과 이를 측정하는 데 대해 연구자들마다 상이한 접근을 취하고 있다. 정보격차 영역에 대한 논의는 향후 정보격차 해소 정책의 방향과도 밀접한 관련을 맺고 있기 때문에 이에 대해 보다 분석적으로 고찰해보고자 한다.

먼저, 김문조와 김종길은 정보의 접근성, 정보의 활용성, 정보의 수용성을 핵심으로 하는 3원적 분화모형(3-유형 격차 모형)에 기초해 정보격차의 유형을 논의하면서 각 유형에 따라 서로 다른 정책적 해소 방안이 필요하다고 주장하였다.[50] 이들에 의하면 제1유형에 해당하는 정보의 접근성은 정보격차가 가장 가시적으로 구현되는 계기인 '접근기회 격차'를 의미한다. 이때 정보기회의 확보 여부는 주로 '경제적 자본(economic capital)'의 소유나 과다로 결정된다. 제2유형인 정보의 활용성은 정보의 폭넓은 활용 여부가 상-하 구분의 관건이 되는 '활용 격차'로 나타난다. 정보를 폭넓게 활용하기

___

50) 김문조 · 김종길(2002). 전게논문. pp.123~155.

위해서는 소정의 접근 기회뿐만 아니라 다양한 인적·물적 관계망
이 사전에 확보되어 있어야 하기 때문에 여기서는 인간관계나 신뢰
와 직결된 '사회자본(social capital)'의 소유 정도가 큰 의의를 발휘
하게 된다. 마지막으로 정보의 수용성으로 불리는 제3유형은 정보
사용자들이 그것을 어떻게 사용하느냐와 관련된 '정보의식 격차'로
나타나게 되며, 제3유형의 격차에 가장 크게 영향을 미치는 요인은
정보 공간 속에서 자신의 의사를 주체적으로 전달하고 정보를 향유
할 수 있는 보편적 의사소통능력 및 담화능력 등 바로 정보사용자
들이 얼마나 '문화적 자본(culture capital)'51)을 축적하고 있는가와
관련이 있다.

정보수용 격차와 관련된 문화적 자본은 '어느 것이 유익한 정보
이며 무엇이 유해한 정보인가', '나아가 정보의 유·무해를 구분하
는 판별기준은 무엇이며, 그러한 판별 능력은 어떻게 함양할 수 있
는가'와 같이 정보 컨텐츠에 대한 종합적 분별력을 뜻하는 일종의
'문화지'(文化知)를 의미한다. 따라서 제1유형이나 제2유형에서 나

---

51) 문화적 자본(culture capital)은 물질적 생산 활동의 영역으로부터 비교적
독립적인 문화적 생산 활동의 영역에 고유한 기제와 상관하여 필요한 수단
을 의미한다(서울대학교 사범대학 교육연구소(편).(1987). 교육학용어사전.
하우. pp.266~267). 이 개념에 의하면, 문화는 생산, 분배, 소비되는 경제적
자본의 운동 원리와 비슷하게 시장을 형성할 뿐만 아니라 소유한 형태에
따라 화폐적 가치를 지니는 자본의 형태를 지닌다. 문화자본은 다음의 세
가지 형태로 구분할 수 있다. 첫째, 어렸을 때부터 계급적 배경에서 자연스
럽게 체득된 지속적인 성향인 아비투스(habitus)적 문화자본, 둘째, 객관화
된 상태로서의 문화자본, 즉 책이나 예술 작품, 셋째, 제도화된 상태로서의
문화자본인 졸업장, 자격증 등이 있다. 김문조와 김종길이 사용한 문화자본
의 개념이 첫 번째와 두 번째 형태를 의미한다면, 교육 수준별로 나타나는
정보격차를 수용자의 문화자본의 차이로 보는 입장은 세 번째 형태에 해당
하는 문화자본을 의미한다(황승연·윤영민(1998). 정보불평등의 구조와 과
정. 학술진흥재단 연구과제 결과보고서).

타나는 격차와 달리 제3유형의 격차를 극복하기 위해서는 도구적,
관계적 차원을 넘어서 인지적, 감성적 차원에서의 대응 방안이 요
구된다고 하였다. 이들이 제시한 각 유형별 특징 및 판별 기준을
정리해보면 아래 〈그림 Ⅱ-3〉과 같다.

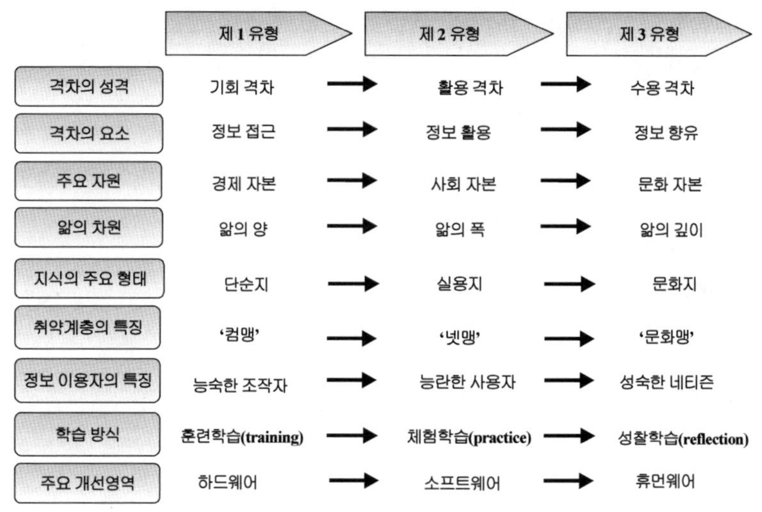

자료: 김문조·김종길(2002). 전게서. p.136.

〈그림 Ⅱ-3〉 정보격차의 유형별 특징

김문조와 김종길의 3원적 분화 모형은 세 가지 격차가 어떻게 순
차적으로 이행하고 있는지, 정보화 마인드 혹은 정보의식으로 표현
되는 수용 격차가 접근이나 활용과 독립적으로 존재할 수 있는 영
역인지, 또한 정보격차를 가져오는 각각의 변인과의 관계에 대해서
는 구체적인 답변을 내리지 못하는 한계를 지니고 있다. 그럼에도
불구하고 기존의 정보격차 논의의 주된 대상이었던 접근성의 문제

를 극복하고 다층적으로 분화되어 가고 있는 새로운 정보격차 현상을 드러내주는 구조 모형을 제시했다는 데 의의가 있다. 또한 정보격차의 생성에 직접적으로 관여하는 내재적 요인들에 따라 정보격차의 분석 틀을 구상했다는 점 또한 정보격차를 다차원적으로 분석하기 위한 새로운 시도로 평가할 수 있다.

서이종은 지금까지 진행된 인프라 구축 중심의 정보화 지표의 한계를 비판하면서 실제 정보격차를 측정하기 위해서는 고도정보화시대에 필요한 새로운 지표가 개발되어야 한다고 주장한다.[52] 고도정보화단계에서 정보화 지표는 정보이용의 다양하고 복합적인 측면, 즉 실질적 정보이용 주체자들의 삶의 질을 반영한 정보 활용지표를 포함해야 한다는 것이다. 이에 따라 서이종은 기존의 설비와 이용 중심의 정보격차 측정은 정보매체 활용격차와 정보 활용능력격차로 구성된 정보 활용지표까지 포괄해야 하며, 나아가 정보복지 측면에서 지식정보 생산격차도 측정할 것을 주장하였다.

일반 국민과 청소년의 정보격차 실태를 주기적으로 파악하고 있는 한국정보문화진흥원이나 한국청소년개발원의 경우에는 이상과 같은 비판을 수용하여 정보인식 격차와 정보만족 격차와 같은 질적인 측면에서의 격차를 정보격차 영역 속에 포함시켜 측정하고 있다.[53] 그런데 여기서 정보인식과 만족에서의 격차는 어떠한 관점에서 보느냐에 따라 1-수준 격차에 포함되기도 하고, 2-수준 격차에 포함시켜 논의할 수도 있다. 한국청소년개발원의 경우에는 정보 접근격차 분석틀에 정보접근의 차이를 가져오는 이전 단계의 의미로

---

52) 서이종(1998c). 전게서. pp.267~333.
53) 한국정보문화센터(2001a). 전게서; 한국청소년개발원(2001). 전게서.

서 정보인식 격차를, 가상공간 이용의 만족 정도로서 정보만족 격
차를 규정하고, 정보 인식격차와 만족 격차를 1-수준 격차에 해당
하는 영역에 포함시키고 있다. 그러나 보다 생산적으로 정보를 활
용하는 수용자의 노력을 촉진하기 위해서는 정보사회의 변화 및 부
작용에 대한 올바른 인식과 이해가 필수적이다. 또한 그들이 사용
하는 정보기기나 프로그램, 그리고 가상공간에서 제공되는 정보의
질에 대한 만족도 역시 생산 활동과 직결될 수 있으므로 정보인식
격차 및 정보만족격차는 2-수준 격차에 포함시켜 그 의미를 도출할
수 있다. 따라서 2-수준 격차의 기본 가정을 정보 활용, 정보생산
등 실질적인 정보수용자의 생산적 활동에 두고 있는 경우라면 세부
적인 영역은 연구의 목적과 방향에 따라 서로 달리 구성할 수 있을
것이다.

넷째, 정보격차는 성, 계층, 세대, 지역(국가) 요인에 의해 나타난다
고 알려져 있다. 정보격차 실태를 조사한 대부분의 보고서에서는 이
들을 기본으로 정보접근과 이용에 차이를 가져오는 성별, 계층별, 세
대별, 지역별 격차를 제시하고 있다.[54] 그러나 정보격차의 주체 및 대
상, 발생 영역과 관련된 논의에서도 살펴본 바와 같이, 정보격차는 보
다 복잡하고 다차원적인 구조하에서 생성·심화되는 현상이다. 그러
므로 동일한 연령 내부에서도 서로 다른 원인에 의해 격차가 나타날
수 있기 때문에, 성, 계층, 직업, 연령과 같은 단일한 기준만을 가지고
측정했던 기존의 연구는 정보격차가 발생하는 원인과 과정에 대해 알
려주는 바가 극히 제한되어 있다. 김문조와 김종길은 3원적 정보격차

---

54) U. S. Department of Commerce(1995, 1998, 1999, 2000). *op. cit.*: 한국정
    보문화센터(2001). 전게서.

분화모형의 각 유형별 격차가 각각 경제적 자본, 사회적 자본, 문화적 자본에 의해 발생한다고 제시한 바 있다. 또한 매체에의 접근과 이용 시 발생하는 특정 집단의 지식(정보)격차나 정보화 수준이 개인적·심리적·조직적 환경 요인에 의해 발생한다는 연구 결과들[55]은 정보 격차에 영향을 미치는 요인을 찾으려는 관점이 보다 확대되어야 함을 보여준다.

지금까지 정보격차의 개념과 구성요소에 대해 구체적으로 살펴보았다. 이를 통해 정보격차는 정보사회의 이행에 따라 그 개념을 구성하는 요소들이 변화하는 특징을 지니고 있음을 알 수 있다. 즉 정보격차를 구성하는 다양한 요소들은 독립적으로 분리되어 존재하기보다는 정보사회의 변동과 더불어 상호 보완적으로 분화·발전하게 된다. 따라서 학생 정보격차와 관련된 논의를 진행시키기 위해서는, 〈표 Ⅱ-4〉에 제시된 바와 같이, 정보격차의 구성 요소들을 반영한 이론적·실증적 연구를 통해 그 의미를 드러내는 기초 작업이 선행되어야 할 것이다.

---

55) Tichenor, P. T. et al. (1970). 'Mass media flow and differential growth of knowledge'. *Public Opinion Quarterly* 34(1). pp.159~170; Rogers, E. M. (1986). *Communication Technology: The New Media in Society*. NY: The Free Press. 김영석 역(1994). 현대사회와 뉴미디어: 커뮤니케이션 테크놀로지. 나남신서 53; 정명주(1998). 행정정보화 측정 및 요인에 관한 연구. 박사학위논문. 서울대학교 행정대학원.

〈표 Ⅱ-4〉 정보격차의 구성 요소 및 유형

구성 요소	유 형
주 체	개인·기관(조직)·국가 수준, 특정집단 내부
대 상	디지털 정보기술기반 매체, 네트워크, 가상공간
영 역	1-level(정보접근, 정보이용, 정보인식, 정보만족 등) 2-level(정보 활용, 정보생산, 정보인식, 정보만족 등) 3-level(수용자 의식, 의사소통능력 등)
원 인	계층·성·세대·지역(국가), 개인적·조직적 환경

2. 학생 정보격차 논의 구조

가. 학생 정보격차의 개념과 구조

학교교육 단계에서 나타나는 학생들의 정보격차 현상을 규명하려는 노력은 1980년대 이후 학교 컴퓨터가 본격적으로 보급되고 학교 교육과정 전반에 컴퓨터의 활용이 늘어나면서 시작된 논의들에서 찾을 수 있다. 당시의 논의들은 학교 내에서 컴퓨터(인터넷)를 이용하는 데 있어서 학생들에게 지식과 태도의 격차를 유발시키는 과정과 배경 변인을 찾는 것에 관심을 두고 컴퓨터의 이용 능력이나 기술에 있어 성별 격차, 지역 간·학교 간 격차가 어느 정도인지를 밝히고자 하였다.[56] 학교 컴퓨터 이용에 있어 격차가 발생한다는

---

56) Becker, H. J. and C. W. Sterling(1987). *op. cit.* pp.289~311; Miller et al.

연구 결과는 자연스럽게 교육기회 평등의 문제와 연결되었으며 학교 컴퓨터 이용상의 불평등을 해소하는 데 관심을 둔 투입-산출 연구로 이어지게 되었다.

슈튼(Sutton)은 1980년대 이후 학교(K-12)단계에서 컴퓨터 이용상의 불평등의 문제를 다루고 있는 선행 연구물들을 종합적으로 검토하여 '학교 컴퓨터 이용과정 모형'을 통해 접근-과정-결과적 측면에서 나타나는 다양한 불평등의 원인을 제시하였다.[57] 슈튼은 1980년대 이후 교수(teaching)와 컴퓨터 이용의 관계에 관한 기존의 연구를 통해 컴퓨터 이용에 있어서 공평성(equity)의 중요성 증가, 인종·사회적 계급불평등을 극복하기 위한 컴퓨터 이용 방안 연구, 컴퓨터 이용상의 격차가 발생하는 과정 등 네 가지 중요한 주제가 상호 연관되어 있음을 발견했다. 〈그림 Ⅱ-4〉는 학교 컴퓨터 이용에 있어 접근과 과정, 결과의 과정적 단계를 제시하고 각각의 단계에서 주로 다루어지는 주제를 구조화한 것이다.

(2001). 'Middle School Students' Technology Practices and Preferences: Re-Examining Gender Differences'. *Journal of Educational Multimedia and Hypermedia* 10(2). pp.125~140; Canada, K. and Frank Brusca(1991). *op. cit.* pp.43~51; Oliver, Ron(1993). 'A Comparison of students' information technology skills in 1985 and 1991'. *British Journal of Educational Technology* 24(1). pp.52~62; Gipson, J. (1997). *op. cit.* pp.41~43.

57) Sutton, R. E. (1991). 'Equity and Computers in Schools: A Decade of Research'. *Review of Educational Research* 61(4). pp.475~503.

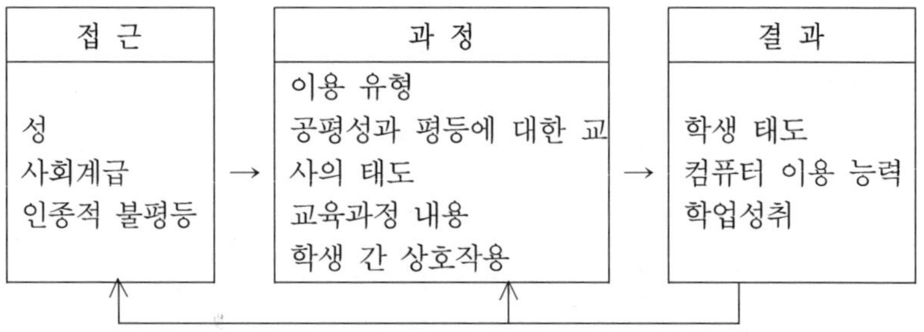

자료: Sutton, R. E. (1991). *op. cit.* p.475.

〈그림 Ⅱ-4〉 학교 컴퓨터 이용 과정 모형

슈튼의 연구모형을 토대로 기존의 연구들을 분류해보면, 컴퓨터 이용의 접근 면에서는 사회·경제적 배경에 따른 불평등의 문제가 주로 제기되고 있으며, 과정 면에서는 이용유형, 교사의 태도, 컴퓨터와 교육과정의 통합 문제, 결과 면에서는 컴퓨터에 대한 학생의 태도, 컴퓨터 관련 능력, 학업성취 등의 문제가 다루어지고 있음을 알 수 있다. 슈튼의 연구는 정보격차의 문제가 본격적으로 등장하기 이전에, 학교교육 단계에서 발생하는 정보통신기술 이용 격차의 문제를 설명하는 구조와 체제를 제공해주고 있다는 데 의의가 있다.

기존의 컴퓨터 이용에 한정되었던 관점에서 벗어나 경제협력개발기구(OECD)에서는 교육에서 나타나는 정보격차(digital divide in learning) 문제를 본격적으로 제기하면서 그 의미와 관련 요인에 대해 다음과 같이 설명하고 있다.[58] 교육에 있어서 정보격차는 첫째, 디지털 측면에서의 학습 불평등 현상을 의미하며, 둘째, ICT를 가진 자

---

58) OECD(2000). 'Emerging Trends and Issues: The Nature of the Digital Divide in Learning'. *op. cit.* pp.52~53.

(haves)와 가지지 못한 자(have-nots) 간의 격차를 의미한다. OECD 에서는 정보격차의 범위를 웹(www)으로 대표되는 새로운 정보기술에 한정하여 e-mail, www, ftp 등의 이용에서 나타나는 격차로 보고 있으며, 웹에의 접근 차이가 교과목별, 학년별 차이 및 탐구기술 획득의 차이를 만들어내고 있다고 하였다. 결국 이러한 차이는 고용과 교육, 그리고 개인의 삶에 이르기까지 광범위하게 영향을 미치는 불평등을 야기하게 될 것으로 전망하였다. OECD의 연구는 그동안 컴퓨터에의 접근으로 한정되어 있던 정보격차의 대상을 인터넷 및 네트워크를 포함한 정보통신기술로 확대하고 있다는 특징을 지닌다. 또한 교육에서 발생하는 정보격차와 사회 내의 불평등의 문제를 상호 연결지어 그 중요성을 부각시키고 있다는 점은 학생 정보격차와 관련된 기존의 연구에 비해 한 단계 진일보한 것으로 받아들여지고 있다.

황진구는 청소년 정보격차를 '정보화 과정에서 청소년 계층과 다른 계층, 청소년 계층 내부에서 발생하는 현실공간의 정보화 인식과 접근의 구조적 편차와 가상공간 이용에 따른 만족의 차이'라는 매우 포괄적인 의미로 사용하고 있다. 황진구는, 기존의 정보격차 관련 연구에서는 단순한 정보기기 소유나 접근, 사용과 같은 정보화 '수준'으로 그 내용을 제한하고 있기 때문에 현실공간에서 발생할 수 있는 객관적 내용만을 분석대상으로 제한하는 한계를 지닌다고 비판한다. 따라서 청소년들 사이에서 일어나는 정보격차 현상을 보다 포괄적인 시각에서 분석하기 위해서는 가상공간(cyber space)에서의 활동까지 포함시켜야 한다고 주장하였다.[59] 기존 연구에서 정보기기에 대한 접근이나 활용을 정보격차의 주된 변수로 설정하는 것은 가상공간에서의 활

---

59) 한국청소년개발원(2001). 전게서. pp.28~29.

동을 통해 부가가치 창출이 가능하다는 전제를 내포하고 있고, 이러한 전제는 다시 가상공간의 구조가 이용자의 부가가치 창출에 부합하도록 구성되어 있다는 점이 내포되어 있을 때 가능하므로, 청소년의 정보격차를 측정하고자 할 때에는 현실공간과 사이버공간의 정보화 기반이나 환경, 그리고 그 결과까지 고려하는 포괄적인 틀이 필요하다는 것이다. 가상공간에서의 정보환경은 정보의 접근보다는 이용에 있어서 정보의 질이 더 강조되어 가고 있는 상황으로 미루어 보다 더 구체적으로 연구되어야 할 필요가 있다고 지적하고 있다.

한국교육개발원에서는 21세기 교육복지 발전 방안의 하나로 정보불평등 해소를 제시한 바 있다.[60] 한국교육개발원에서는 사회 일반에서 논의되고 있는 정보격차의 구조를 교육에 적용하여 부가가치와 사회적 책임과의 관련성 속에서 논의하면서, 학교 교육을 통한 정보불평등 해소 대책을 찾고 있다. 이 연구에서는 정보격차로 인해 야기되는 정보불평등을 강조하면서, 이를 정보접근, 정보이용, 정보생산 간의 격차로 위계화되어 있는 개념으로 사용하고 있다(〈그림 Ⅱ-5〉 참조). 이를테면, 정보불평등은 정보접근의 격차에서 시작되어 정보 이용격차로 연결되고, 정보접근 및 이용격차는 정보생산격차를 유발시킨다는 것이다.

---

60) 한국교육개발원(2000). 전게서. pp.131~142.

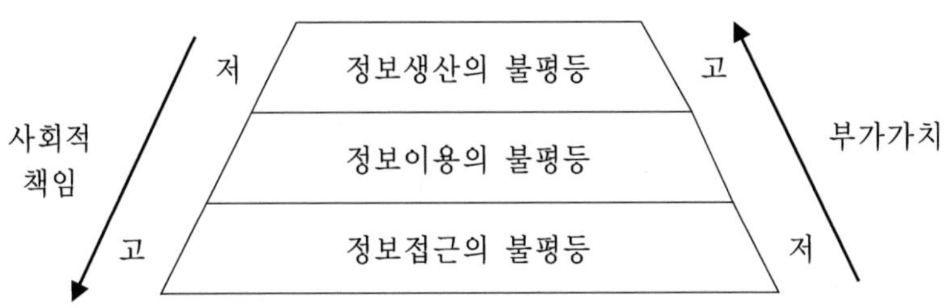

자료: 한국교육개발원(2000). 전게서. p.136.

〈그림 Ⅱ-5〉 정보불평등의 구조

한국교육개발원에서는 정보불평등을 구성하는 각 개념을 다음과 같이 규정하고, 이를 해소하기 위한 대안을 달리 제시하였다. 정보접근의 불평등이란 인터넷과 같은 정보서비스를 제공받기 위해 정보기기에 접근하는 능력의 불평등을 의미한다. 그러나 정보접근의 불평등은 시간의 경과나 기술의 발전에 따라 자연스럽게 해결될 수 있는 사안이라고 할 수 있다. 정보이용의 불평등이란 인터넷 등 정보서비스를 이용하여 보다 많은 부가가치를 창출할 수 있는 능력에서의 불평등을 의미한다. 정보접근의 불평등이 양적인 측면에서의 불평등이라면 정보이용의 불평등은 질적인 측면에서의 불평등이라고 할 수 있으므로 정보이용의 불평등을 줄이기 위해서는 보다 광범위하고 다양한 차원에서의 해결책이 요구된다. 마지막으로 정보생산의 불평등이란 직접 지식과 정보의 생산 활동을 수행할 수 있는 능력상의 불평등을 의미한다. 궁극적으로 정보화가 지향하는 바는 바로 개개인의 정보생산능력을 극대화하는 것이라고 할 수 있으므로 정보생산에서의 불평등을 해소하기 위해서는 정보접근이나 정보이용의 불평등과의 관련하에 장기적인 대책이 요구된다.

한국교육개발원에서는 이상의 정보불평등 구조를 가치창출의 측면과 사회적 책임의 측면과 연결시켜 설명하고 있다. 가치 창출의 측면에서 보면 정보불평등의 차원이 높아질수록 더 많은 부가가치가 창출되고, 사회적 책임의 측면에서 보면 차원이 낮아질수록 그 책임이 더 커진다고 보았다. 다시 말해, 정보접근의 경우에는 국가 사회적으로 제반 환경을 제공함으로써 그 격차를 해소할 수 있는 반면, 정보이용과 정보생산의 경우에는 가치창출을 위해 개인의 능력이 더 많이 요구되므로 정보격차를 해소하는 가장 효과적인 수단은 관련 교육을 대폭 확충하는 것에 있다는 것이다. 한국교육개발원의 연구는 개념적이고 가설적인 수준에서 정보격차의 문제를 다루고 있기는 하지만, 그동안 접근과 이용의 1-수준 격차의 관점에 한정되어 있던 교육에서 나타나는 정보격차의 영역을 정보생산의 측면에까지 확대하여 포괄적인 학생 정보격차 연구 분석틀을 제시해주고 있다는 점에서 그 의의를 찾을 수 있을 것이다.

교육에서 정보격차의 문제는 단순한 구조나 개념상의 문제에서 벗어나 복지와 인간의 권리 측면과 연결지으려는 노력으로 확대되고 있다. 카빈(Carvin)은 새로운 시민권(civil right)으로서의 정보격차 문제를 다루었다.[61] 이는 시민권으로서 정보격차의 문제는 평등한 정보접근 기회의 제공을 넘어서 정보복지 사회를 구현하려는 노력의 일환으로 정보복지에 대한 권리의 주장이 정보격차에 포함되어야 한다는 주장과도 맥을 같이 하는 것이다.[62] 이러한 관점을 학교 내 정보격차에

---

61) Carvin, Andy(2000). 'Mind the Gap: The Digital Divide as the Civil Rights Issue of the New Millennium'. *Multimedia Schools* Jan. Feb 2000. EJ 608 391.

62) 유재천(2000). '정보복지사회의 구현'. 한국전산원. 정보화저널 7(1); 김문조 · 김종길(2002). 전게논문; 서이종(1998). 전게서; 박형준(1996). '정보사회에서의 사회적 불평등의 메카니즘'. 아산사회복지사업재단편. 정보사회

적용한 카빈은 기존의 정보격차가 주로 접근의 영역에 대해서만 관심을 기울이고 있지만, 학교 내에서는 단순히 인터넷에 접근하는 것을 넘어서 내용(content), 문해력(literacy), 교수(pedagogy), 그리고 공동체(community) 영역으로까지 정보격차의 관심을 확장시켜야 한다고 주장한다. 그는 이러한 다섯 가지 정보격차 영역은 그 하나하나가 퍼즐 조각으로 볼 수 있으며, 이 조각이 모두 맞추어질 때 전체적인 정보격차에 대한 이해가 가능할 것으로 보고 있다.

학생 정보격차와 관련된 이상의 선행연구 검토를 통해 다음과 같은 시사점을 도출할 수 있다. 첫째, 교육에 도입된 정보통신기술의 활용에서 나타나는 격차는 불평등(inequality)의 문제와 밀접하게 관련되어 있다. 학교에 컴퓨터가 도입되고 난 이후부터 지속되고 있는 논쟁을 통해, 학생들의 컴퓨터 이용 격차는 다양한 요인에 의해서 나타나게 되며, 이러한 격차는 교육 기회의 접근에서 과정, 결과에 이르기까지 전체적인 학교교육 단계 속에서 발생하고 있음을 알 수 있다. 따라서 학생 정보격차와 관련된 연구에서는 컴퓨터 이용 기술의 습득뿐만 아니라 학생들의 인지적 성취와 바람직한 태도의 함양과 관련된 영역을 포함시켜야 한다. 또한 교사의 태도나 교육과정 등 학생의 컴퓨터 이용에 영향을 미치는 전반적인 학교 교육의 과정(過程)을 고려해야 할 것이다.

둘째, 학생 정보격차의 대상 역시 초기에는 컴퓨터 및 관련 프로그램에 한정되어 있었으나 이후 인터넷을 포함한 네트워크 환경으로, 또한 가상공간에서의 활동까지 고려한 영역으로 계속 확대되어 나가는 추세에 있다. 그러나 학생 정보격차가 학교교육의 과정 속에서 발생한

와 사회 윤리.

다는 측면을 고려해볼 때, 청소년들의 정보격차 현황을 파악하기 위해 사용되었던 핸드폰, PDA 등과 같은 무선인터넷 매체의 이용, 온라인 쇼핑, 온라인 뱅킹 등의 이용경험은 학생 정보격차를 측정하기 위한 정보통신기술의 영역에는 포함시키기 어렵다.

셋째, 학생 정보격차는 정보접근과 이용, 생산의 다차원적 구조를 지니고 있으며, 각 정보격차 영역은 상호의존적이면서도 영향을 주고받는 복합적인 관계에 있다. 그러나 현재로서는 정보격차 영역 간의 관계가 어떻게 구성되어 있는지를 알려주는 경험적인 연구 결과가 없는 실정이다. 따라서 학생 정보격차를 구성하고 있는 정보접근, 이용, 생산격차 영역 간의 관계가 상호의존적이면서 영향을 받는 복합적인 관계에 있다는 가설적인 수준의 논의가 검증될 필요가 있다.

넷째, 학생 정보격차는 다양한 원인에 의해 나타난다. 컴퓨터 이용 격차 논쟁에서 시작하여 디지털정보통신기술의 접근과 이용에서 나타나는 격차와 관련된 연구들은 학교교육 단계에서 접근과 이용의 기회를 제약하는 원인을 찾으려고 노력하고 있다. 기존의 정보격차 논의에서는 학생들에게서 나타나는 정보격차의 원인을 성이나 사회·경제적 지위와 같은 개인적인 측면으로만 파악하는 경향이 있으나, 국가 정책 지원을 포함하여 학교 교육의 전체적인 과정에서 학생들이 경험하는 다양한 환경의 영향도 고려할 필요가 있다.

이상의 논의를 종합해보면, 학생 정보격차는 '학교교육의 과정에서 학생들이 정보통신기술(ICT)에 접근하거나 이용하고, 생산적인 활동을 하는 데서 나타나는 차이'로 개념화할 수 있으며, 이러한 차이는 개인 배경 및 학교, 국가 정책 등 다양한 환경에 의해 영향을 받아 나타나게 된다.

나. 학생 정보격차 측정

1) 학생 정보 접근격차

정보 접근격차란 일반적으로 정보기기에의 접근 기회에서 나타나는 차이로 알려져 있다. 국내 정보격차 현황을 주기적으로 분석하고 있는 한국정보문화센터에서는 정보접근을 '초고속정보통신망과 모뎀 등 네트워크에의 접근성과 PC 등 정보기기의 보유 여부'로 정의하고, 정보 접근격차를 측정하는 항목에 컴퓨터 보유 대수, 보유 기종과 같은 하드웨어, O/A 관련 프로그램·그래픽·음악·동영상·게임 등의 소프트웨어, 네트워크(PC통신, 인터넷) 보유 여부를 포함시키고 있다.[63) 한국청소년개발원에서는 정보접근환경과 정보 접근능력으로 구분하여 청소년의 정보 접근격차를 측정하였다. 정보접근환경 측정 항목은 가정의 컴퓨터 보유, 가정의 PC통신 이용, 가정의 인터넷 이용, 이동전화 보유 여부로, 정보접근능력은 컴퓨터 이용 정도, 인터넷 이용, 무선인터넷 이용, PC방 이용으로 구성되어 있다.[64) 이외에도 대부분의 연구에서는 정보 접근격차를 컴퓨터나 네트워크(인터넷) 보유 여부 및 이에 대한 접근 기회의 차이로 보고 세대별, 계층별, 지역별, 연령별로 격차 현황을 측정하고 있다.[65)

이상의 논의에 비추어 볼 때, 학생 정보 접근격차를 측정하기 위해서는 정보수집을 위한 정보통신기술 기반 매체에 학생들이 어느 정도 접근할 수 있는지 파악해야 한다. 학생들이 접근할 수 있는 정보통신

---

63) 한국정보문화센터(2001). 전게서.

64) 한국청소년개발원(2001). 전게서. p.98.

65) U. S. Department of Commerce(1995, 1998, 1999). *op. cit*; OECD- (2001b). *op. cit*.; 한국정보문화센터(2001a). 전게서.

기술 기반 매체의 종류는 하드웨어, 주변기기, 소프트웨어로 나누어 볼 수 있고 이들이 이러한 매체에 접근할 수 있는 장소는 집, 친구나 친척집, 학교, 학원, PC방 등이다. 여기서 하드웨어는 컴퓨터, 핸드폰, PDA 등 컴퓨터 프로그램과 네트워크, 인터넷 접속이 가능한 정보기기를 의미하며, 주변기기는 컴퓨터와 연결하여 수집된 정보를 가공·처리할 수 있는 스캐너, 디지털 카메라, 프린터 등을 의미한다. 소프트웨어는 컴퓨터 운영체제 등 시스템 프로그램, 유틸리티 프로그램, 교육용 CD-ROM, 게임, 멀티미디어 자료 등을 의미한다.

한국정보문화진흥센터에서는 2001년 국민생활 정보화 실태 조사를 통해, 학생들의 컴퓨터나 인터넷 이용률은 96.3% 정도로 국민 평균 50.4%보다 매우 높게 나타나 학생들의 정보기기에의 접근 격차는 거의 없다고 하였다.[66] 가구별 컴퓨터 보유 및 인터넷 이용을 조사한 결과에서도 학생을 둔 가구의 컴퓨터 보유율(37.3%)이 두지 않은 가구(11.9%)에 비해 높게 나타났으며, 학생을 둔 가구의 70.3%가 새로 컴퓨터를 구입하고 있는 것으로 나타났다.[67] 한국인터넷정보센터의 조사결과에서도 일반인들의 인터넷 이용률이 44%인 데 비해 학생들의 인터넷 이용률은 91.4%로 나타났고,[68] 한국전산원의 인터넷 이용률 조사에서도 학생은 95.0%의 이용률을 보였다.[69] 아직도 학생 성별, 인종별, 지역별, 가정배경별로 접근기회

---

66) 한국정보문화센터(2001a). 전게서. pp.47~46.
67) 한국정보문화센터(2001d). 2001 국민 정보생활 및 격차 현황 2차 조사. pp. 7~10.
68) 한국인터넷정보센터(2003). 인터넷 이용자 수 및 이용행태 조사. (http://www.krnic.or.kr)
69) 한국전산원(2002). 2002 한국인터넷 백서. p.59.

격차가 존재한다는 미국의 상황과 비교해볼 때,[70] 우리나라 학생들에게 정보 접근격차가 거의 나타나지 않는다는 것은 매우 고무적인 현상이라고 할 수 있다.

그러나 한국청소년개발원에서는 학생 계층 내부의 정보격차를 성별, 지역별, 능력별로 분석한 결과, 각 요인별로 격차가 심화되고 있다고 보고하고 있다.[71] 반면, 손경애는 한국 고등학생의 PC 접근격차가 성별, 지역별, 생활 수준별로 차이가 없다고 함으로써 상반된 연구결과를 보이고 있다.[72] 또한 여전히 저소득층 가정의 자녀들의 정보접근 기회를 높이기 위한 정책적 지원이 꾸준히 이루어지고 있기 때문에[73] 학생들에게 정보 접근격차가 나타나지 않는다고 판단하기는 힘든 상황이다.

이상에서 살펴본 바와 같이 정보 접근격차를 측정한 대부분의 연구들은 주로 하드웨어나 소프트웨어에 해당하는 매체 접근성의 측면에 관심을 기울이고 있고, 이에 대한 대응 방안 역시 기기 보급과 같은 도구적 측면에 치우쳐 있음을 알 수 있다. 그러나 정보 접근격차를 해소하기 위해서는 매체에의 접근을 제약하는 인식과 심리적인 요인이 고려되어야 한다는 제안도 고려할 필요가 있다.[74] 한국전산원에서 PC와 네트워크를 보유하고 있지 않은 가정을 대상

---

70) Edweek(2001). *op. cit.*; CRITO(1999). *Teaching, Learning and Computing: 1998 National Survey.* University of California, Irvine; The David and Lucile Packard Foundation(2000). *The Future of Children.* 10(2).

71) 한국청소년개발원(2001). 전게서. pp.122~128.

72) 손경애(2001a). '한국 고등학생의 PC 이용격차 분석 연구'. 서원대학교. 교육발전 20(1). pp.185~215.

73) 교육인적자원부(2003). 전게서. pp.Ⅲ-144~146.

74) 한국전산원(2000). 전게서. p.45.

으로 그 이유에 대해 조사한 결과, 42.4%가 필요를 느끼지 못하기 때문이라고 응답한 것으로 나타났다.[75] 이러한 결과는 정보 접근격차가 매체 '자체'의 접근 여부보다는, 정보매체에 접근하는 기회를 갖지 못하도록 제약하는 인식의 차이에서부터 시작되고 있음을 보여준다. 가정에 보유된 PC대수보다는 주된 이용자가 누구인지에 따라 성별 정보격차가 나타난다는 주영희 외의 연구결과에서도 정보 접근 환경에 대한 사용자의 주관적이고 인식적 측면을 고려해야 한다고 제안하고 있다.[76]

2) 학생 정보 이용격차

일반적으로 정보 이용격차는 컴퓨터와 인터넷을 이용하는 데서 나타나는 차이를 통해 측정한다.[77] 여기서 컴퓨터 이용이란 컴퓨터를 기반으로 응용되는 각종 소프트웨어나 필요로 하는 정보를 얻기 위한 핵심 정보원 검색 능력도 포함하는 의미로서, 학생의 경우 정보 이용격차의 범위는 학교 교육과정에서 다루고 있는 교육 내용을 중심으로 구성된다.

제7차 중·고등학교 컴퓨터 교과서에 제시된 내용을 중심으로 학생들이 정보를 분석하고 가공하기 위해 배우는 프로그램을 살펴보면 다음과 같다. 중학교의 경우에는 컴퓨터 운영체제, 워드프로세서, PC통신과 인터넷, 홈페이지 만들기, 멀티미디어 자료 다루기로 되어 있고, 고등학교의 경우는 중학교 과정에 스프레드시트나 애니

---

75) 한국전산원(2000a). 전게서.

76) 주영희·이광희·봉미미(2001). 전게논문. p.322.

77) 한국정보문화센터(2001a). 전게서.

메이션과 같은 프로그램 활용이 추가되어 있어, 현재 중·고등학교 컴퓨터 교과는 주로 컴퓨터 응용 프로그램을 배우는 과정으로 구성되어 있음을 알 수 있다(〈표 Ⅱ-5〉 참조).

〈표 Ⅱ-5〉 제7차 중·고등학교 컴퓨터 교과 내용

중학교		고등학교	
영 역	내 용	영 역	내 용
인간과 컴퓨터		사회발달과 컴퓨터	
	컴퓨터의 발달		정보화 사회
	컴퓨터와 인간 생활		컴퓨터 시스템의 구성
	컴퓨터와 일		데이터의 표현
컴퓨터의 기초		컴퓨터 운용	
	컴퓨터의 구성과 조작		운영체제의 역할
	소프트웨어 구성		윈도우
워드프로세서			문서 작성
	문서 작성		문서 편집
	문서 편집		표문서
	그림 그리기		그림과 메일머지
	표 작성	스프레드쉬트	
PC통신과 인터넷			전자계산표 작성
	PC통신 활용		워크시트 편집
	인터넷 활용		차트와 데이터 관리
	(홈페이지 만들기)	컴퓨터 통신망	
멀티미디어			컴퓨터 통신망 개요
	그림자료 만들기		PC통신
	소리자료 만들기		인터넷(홈페이지제작)
	소프트웨어 제작	멀티미디어	
			소리데이터
			그래픽데이터
			동영상과 애니메이션
			멀티미디어 제작

자료: 교육부(1997). 중·고등학교 교육과정. 교육부 고시 제1997-15호.

주영주·이광희·봉미미는 여학생의 컴퓨터 활용 능력을 측정하기 위한 프로그램으로 컴퓨터 일반, 워드프로세싱, 전자우편, 채팅, 인터넷, CD-ROM, 컴퓨터 게임, 컴퓨터 그래픽 영역을 정하고 이에 대한 자신감을 표시하게 하였고,[78] 손경애는 고등학생의 PC 이용격차를 측정하기 위한 하위 항목으로 컴퓨터의 구조, 문서작성, 엑셀, 파워포인트, 전자메일, 대화방(채팅), 게시판(BBS), 인터넷, 컴퓨터 프로그램, 패키지 프로그램, 게임 등을 설정하였다.[79]

한국청소년개발원에서는 청소년의 정보사용격차를 정보사용환경과 정보사용능력으로 구분하여 보다 포괄적인 의미로 사용하고 있는데, 청소년의 정보사용능력의 세부 항목 중 프로그램 이용 정도는 워드프로세서, 스프레드시트나 프레젠테이션, 각종 유틸리티 및 시스템관리프로그램, PC통신이나 인터넷으로 측정하고 있다.[80]

미국 학교정보화 평가 안내서에서는 학생들의 학교에서 학생들이 사용하는 정보기술로 전자우편, 게시판이용, 채팅, 인터넷 브라우저, CD-ROM, 게임, 데이터베이스, 스프레드시트, 컴퓨터 언어 프로그램, 멀티미디어 소프트웨어, 워드프로세서, 그래픽 계산기, 탁상출판 프로그램 등을 제시하고 있다.[81]

---

78) 주영주·이광희·봉미미(2001). 전게논문. p.318.

79) 손경애(2001b). 전게논문. pp.135~162.

80) 한국청소년개발원(2001). 전게서. p.34.

81) U. S. Department of Education(1998). *op. cit.*: 한국교육학술정보원 역 (1999a). 전게서. p.130.

3) 학생 정보 생산격차

2-수준 격차에 해당하는 학생 정보 생산격차는 앞서 제시한 정보 접근격차나 정보 이용격차에 비해 그 개념이 매우 불분명하고 측정하기 어려운 부분이다. 왜냐하면 정보를 생산했다는 것이 무엇을 의미하는지, 또 그것을 어떻게 측정할 것인지에 대한 개념적이고 방법론적인 합의가 이루어지지 못하고 있기 때문이다. 따라서 대부분의 연구에서는 정보화에 따른 '결과(output)'의 의미를 지니는 정보생산을 아예 정보격차 분석의 대상이나 범위에서 제외시키고 있으며, 정보화 측정 지표 속에도 포함시키지 않고 있다.[82]

정보생산에 대한 개념적, 방법론적인 한계를 극복하기 위해 접근할 수 있는 하나의 방법은 '생산'의 의미를 경제적으로 환원시켜 수치를 측정하는 것이다. 이는 정보화 교육을 받은 인력이 실제 지식노동자가 되었을 때 어느 정도로 임금을 받는지, 어떻게 기업의 생산성이 높아지는지 등을 통해 정보생산 능력을 측정하는 것을 의미한다. 한국교육개발원에서는 정보 생산격차를 '직접 지식과 정보의 생산 활동을 수행할 수 있는 능력상의 불평등'으로 정의하면서 지식과 정보의 생산 활동을 경제적인 관점으로 설명하였다.[83] 경제적 관점에서 보면 지식과 정보의 생산 활동 정도는 정보통신부문 등에 종사하는 지식노동자(knowledge worker)와 그렇지 못한 노동자 간의 임금격차를 기준으로 측정하게 된다.

그러나 학생 정보 생산격차 측정의 기준을 임금으로 정하는 것은

---

82) 한국청소년개발원(2001). 전게서. p.28; OECD(2001). *OECD Education Indicator: Education at a Glance 2001*; U. S. Department of Education (1998). *op. cit.*

83) 한국교육개발원(2000). 전게서. p.137.

정보격차의 주체가 학생임을 고려할 때 매우 어려운 작업일 뿐만 아니라 측정 자체도 불가능한 것이다. 이러한 관점은 직업교육의 형태로 이루어지는 정보화 교육에는 적절할지 모르지만 현재 일반 학생의 정보생산 능력을 측정하기에는 다소 무리가 따른다. 임금과 같이 물질적인 기준으로 정보생산능력을 측정하는 것은, 정보화 교육을 받은 이후 그 결과가 나타나는 시기가 어느 때인지를 분명히 알 수 없을 뿐 아니라, 상당히 장기적인 시기에 걸쳐 나타나는 교육의 효과까지 제대로 포착할 수 없다는 한계를 지니고 있기 때문이다.

이 같은 개념적 혼란을 피하기 위해 정보생산이라는 용어보다는 정보화 '성과(outcome)'의 개념을 사용하여 단기적이고 가시적인 측면에서의 정보생산 정도를 측정하는 방법이 사용되기도 한다. 이 방법을 적용하여 한국교육학술정보원에서는 정보화 성과 지표를, 한국전산원에서는 IT성과지표를 개발하고 정보화의 결과에 대한 측정을 시도하였다(〈표 Ⅱ-6〉 참조).

한국교육학술정보원에서 개발한 초·중등교육정보화지표의 경우는 그간 투입 위주의 통계조사로 인해 나타난 종합적 교육정보화 사업의 성과 및 활용분석의 한계를 극복하기 위해 새롭게 시도된 것이다. 그러나 연구보고서에서도 밝히고 있듯이, 이 연구는 성과를 측정하고자 하는 연구 의도나 정책의 방향성은 타당하지만, 이를 구체적으로 측정하는 지표의 개발이 쉽지 않고 신뢰할 만한 타당한 자료획득이 어렵기 때문에 정보화로 인해 나타나는 장기적인 성격의 성과가 아닌 전자우편 계정 보유, 홈페이지 보유, 정보화 관련 외부행사 참여 등 단기적 성격의 산출물만을 중심으로 성과 항목을 설정하는 한계를 지니게 되었다.[84]

한국전산원에서는 IT성과지표를 개발하여 정보화의 성과를 측정하였다. 한국전산원에서도 정보기술도입으로 인한 영향력 정도와 관련된 많은 변수들을 측정해내는 것이 사실상 불가능하다고 하면서 교사들을 대상으로 한 학생교육 및 학사행정의 두 영역으로 그 범위를 축소하여 정보화 성과를 측정하고 있다. 학생교육 부분에서는 담당하는 교사들이 인식하는 정보기술 도입효과를, 학사행정 부분에서는 정보시스템 도입으로 인한 행정업무 처리시간 단축 정도 및 행정정보화시스템에 필요한 기능 항목으로 한정하여 IT성과를 측정하고 있다. 한국전산원의 연구는 한국교육학술정보원에서 의도적으로 배제하고 있는 정보화에 대한 인식 부분을 포함시켜 정보화의 성과가 단기적이고 가시적인 측면에만 적용되지 않는다는 점을 극복하기는 했으나, 학생교육의 IT성과 측정의 경우 학생 당사자의 입장이 아닌 교사의 입장에서 정보기술 도입 효과를 기술했고, 학사행정의 IT성과에 있어서는 행정정보화시스템에 필요한 기능을 주관적으로 기술하는 항목이 포함되어 있어 지표로서의 포괄성은 매우 부족한 것으로 보인다.

---

84) 교육인적자원부·한국교육학술정보원(2001c). 전게서. p.34~38.

〈표 Ⅱ-6〉 교육정보화 성과 지표

연구기관/측정영역	성 과 지 표
한국교육학술정보원	
교원	전자우편 계정 보유 교원 비율, 개인 홈페이지 보유 교원 비율, 정보기술 관련 자격증(정보소양인증제 포함) 보유 교원 비율, 교육용 S/W 및 교안 경진대회/공모전 참여 비율
학생	홈페이지보유 학생 비율, 정보화관련과목 이수학생 비율, 정보화관련 외부행사 참여 학생 비율, 정보화 관련 과목 이수 학생 비율, 정보화 관련 자격증 보유 학생 비율
한국전산원	
학생 교육	· 교육용 S/W에 대한 교사 인식 : 교수-학습코스 지원에 대한 인식, 학습효과 제고에 대한 인식, 교육용 S/W 품질에 대한 만족도, 미사용 또는 불만족 이유 · IT 활용수업에 대한 교사 인식 : 효율적 학습활동 지원에 대한 인식, 학생의 학습능력향상에 대한 인식, 학생의 주도적 학습 지원에 대한 인식, IT 도입 성과에 대한 만족도
학사 행정	행정업무처리시간 단축 정도, 행정정보화시스템에 필요한 기능

자료 : 한국교육학술정보원(2001). 전게서. p.111 ; 한국전산원(2001). 전게서. pp.30~33.

정보생산 개념의 불명확성과 측정의 어려움에도 불구하고, 정보격차의 논의 속에서 정보생산이 차지하는 위치나 정보격차 해소의 궁극적인 목표에 비추어 볼 때 정보생산을 개념화하고 측정하려는 시도는 지속적으로 이루어져야 할 필요가 있다. 앞서 제시한 바와 같이 고도 정보사회로 이동하면서 정보격차의 핵심은 정보기기에의 접근성(accessibility)차원을 넘어서 정보의 활용과 질적으로 우수한 정보를 어떻게 수용자들이 만들어내느냐로 이동하고 있다.[85] 이에 따라 정보통신기술의 활용을 통해 달성하고자 하는 목표 역시 달라지고 있다. 그러므로 정보생산의 개념은 정보사회가 궁극적으로 추구하는 목표를 통해 도출할 수 있다.

서이종은 정보사회의 궁극적인 목적을 생활의 다양한 욕구에 부응하는 유용한 정보를 개발하고 활용하고 생활화하는 정보복지사회 구현을 추구하는 것으로 보고 있다.[86] 고도정보사회는 정부의 주도에 의해서가 아니라 사회의 주도로 확산·심화되기 때문에 정보이용 주체자들의 삶의 질에 대한 요구와의 관련성이 중시되며, 그에 따라 이용 주체자들이 정보화의 확산을 저항하거나 촉진하는 주체로 부각된다는 것이다. 서이종은 이러한 의미에서 정보화 정책은 무엇보다도 다양한 사회 영역의 삶의 질 향상과 접목되어야 한다고 주장하였다.

오철호는 정보화 단계를 기반단계, 발전단계, 성숙단계로 구분하고, 성숙단계에 이르면 정보통신기술을 활용한 생산적인 정보 활용 및 정보화의 생활화가 더 중요한 문제로 부각될 것으로 전망하였다.[87] 정보화 성숙단계에서는 그동안 취약계층에 집중되었던 정보격차 해소 대상이 취약계층에서 일반국민으로 확산될 것이며, 정보격차 해소 목표 역시 인프라에의 접근보다는 정보화의 생활화에 더 중점을 두고 추진될 것으로 보았다. 따라서 정보화의 생활화를 위해서는 정보격차 해소정책 대상자의 속성에 따라 보다 적합한 정책

---

85) 서이종(1998b). 전게서; 오철호(2002). 'ICT 발달과 정보격차 해소를 위한 새로운 방향 모색: 접근성 관점에서'. 사이버커뮤니케이션학보 9. pp.73~123.

86) 서이종(1998a). 전게논문. p.41.

87) 오철호(2002). 전게논문. p.79.

을 개발하는 것이 중요한 대안으로 제시되어야 한다고 주장하였다.

이처럼 정보사회의 궁극적인 목표가 정보 활용의 극대화와 정보화의 생활화에 있다고 한다면, 정보생산은 이러한 목표를 달성하기 위한 제반 활동을 의미하게 된다. 따라서 학생들이 정보를 생산한다는 것의 의미와 활동 영역은 학교 정보화를 통해 추구하고자 하는 궁극적인 목표를 통해 도출해볼 수 있게 된다. 학교정보화의 목표는 학생들에게 정보기술의 이용 능력뿐 아니라 문제해결력, 창의력과 같은 일반적 능력을 가질 수 있도록 하는 데 있으며,[88] 학교에서는 정보화 기반 시설과 같은 물리적 환경뿐 아니라 컴퓨터 수업과 ICT 활용 수업과 같은 학습 환경을 제공하고 있다.[89] 이렇게 볼 때, 학생 정보 생산격차는 학교교육 목표를 달성하기 위해 제공되는 다양한 정보환경 속에서 학생들이 생산적인 정보활동에 참여할 수 있는 영역에 따라 달리 나타나게 될 것이다.

학생들이 학교 교육단계에서 참여할 수 있는 정보생산 활동의 영역은 학생들에게 요구되는 정보리터러시(information literacy)의 개념에서 찾아볼 수 있다. 한국교육학술정보원에서는 정보리터러시의 개념을 '정보가 필요한 때를 인식하고 이 정보를 효과적으로 찾아내고, 평가하며, 사용할 줄 알도록 개인에게 요구되는 일단의 능력'으로 정의하고, 정보생명주기별 접근(information life cycle)을 통해 정보수집·정보가공·정보교류·정보윤리의 네 영역으로 분류하고 있다. 이렇게 분류된 네 영역을 다시 세부유목으로 나누고 학년별로 습득해야 할 구체적인 기준을 제시하였다.[90]

---

88) 교육인적자원부(2001). 전게서. p.2.
89) 교육부(1997). 초·중등학교 교육과정 해설서. p.163.

　　정숙경은 정보리터러시를 '자신에게 필요한 정보를 수집하고, 정보의 정확성을 판단하여 자신의 목적을 위해 정보를 표현해서 전달할 수 있는 능력'으로 정의하였으며, 정보수집력, 판단력, 표현 및 창조력, 전달력을 종합하여 그 수준을 측정하였다.[91] 풀톤(Fulton)은 정보리터러시란 ICT를 통해 학생들이 가져야 할 기술을 의미하며 이 기술은 정보수집, 정보평가, 정보의 가치판단, 정보재창출, 배분 및 새로운 지식으로 구성된다고 하였다.[92]

　　양순애는 학생들이 가져야 할 기술을 3가지 수준으로 나누어 학생들이 궁극적으로 ICT를 통해 습득해야 할 능력으로 보고 있다.[93] 1-수준의 능력은 정보통신기술 도구를 활용할 수 있는 능력으로 정보기기 및 도구를 선택하고 운영하는 것을 뜻한다. 2-수준의 능력은 습득한 정보를 분석적, 체계적, 그리고 비판적으로 사고할 수 있는 능력으로서 예를 들어 1-수준의 기술을 이용하여 정보를 수집·분석·평가·배분하며 자신의 아이디어를 제시할 수 있는 의사소통 능력 등이 포함된다. 3-수준의 능력은 보다 창조적이고 혁신적으로 정보를 이용하는 단계로서 여기에는 새로운 체제설계, 체제개선, 그리고 새로운 아이디어를 개발하는 능력을 의미한다.

　　지금까지 제시한 학교 정보화의 목표, 그리고 정보리터러시의 개념에 비추어 볼 때, 정보생산이란 정보기기에의 접근과 정보통신기

---

90) 교육인적자원부·한국교육학술정보원(2001b). 전게서. pp.136~142.

91) 정숙경(2001). 전게논문. p.175.

92) Fulton, K. (1998). 'Learning in a Digital Age: Insights into the issues, the Skills Students Need for Technology Fluency'. *T. H. E. Journal* 25(7). pp.60~64.

93) 양순애(1999). Effectiveness of Educational Technology in K-12 Schools. 한국전산원. 정보화저널 6(2). (http://www.nca.or.kr)

술을 이용할 수 있는 능력을 바탕으로 수집된 정보를 분석·가공·교류함으로써 새로운 아이디어 창조로 연결시키는 활동을 의미한다고 할 수 있으며, 이러한 의미 속에는 다음의 두 가지 가정이 내포되어 있다.

첫째, 학생들의 정보생산 활동 참여는 학교에서 제공하는 다양한 경험과 관련되어 있다. 예를 들어 음란물 사이트에 접속하지 않기 위해 유해정보차단 프로그램을 설치하거나 정품 소프트웨어를 사용하는 활동을 하고 있다면 이는 생산적인 정보활동으로 나아가는 단계에서 갖추어야 할 정보윤리의식이라고 할 수 있으며, 이는 학교에서 실시하는 정보소양교육과 정보 활용교육을 통해 습득할 수 있게 된다. 또한 정보검색 능력을 높이고 정보교류 및 정보화 활동에 참여하는 것은 컴퓨터 수업이나 ICT 수업, 정보화 관련 특별활동 등에서 그러한 기회를 제공해줌으로써 가능하다.

둘째, 학생들이 정보생산 활동에 참여하는 것은 개인의 의지와 노력이 뒷받침되어야 가능하다. 컴퓨터의 기능을 익히고 그 유용성을 활용하여 새로운 지식을 창출하는 활동에 참여하기 위해서는 개인의 의지적인 노력을 유도할 수 있는 다양한 학습환경이 제공되는 것이 전제가 되어야 한다.

3. 학생 정보격차 관련 변인

가. 학생 수준 변인

학생 정보격차가 성이나 사회·경제적 지위와 같은 개인적인 배경에 의해 영향을 받는다는 것은 학생들의 컴퓨터 이용 격차와 관련된 초기 연구에서부터 꾸준히 밝혀져 왔다. 학생들의 정보격차에 영향을 미치는 가장 대표적인 인구통계학적 변인은 성, 인종, 지역, 부모의 교육 수준, 직업구조, 소득수준 등을 들 수 있다. 이외에도 사회심리적 변인으로 정보추구욕구나 사회적 상호작용 충족욕구, 그리고 가정의 정보화 환경 및 부모와의 상호작용 정도 역시 학생 정보격차와 밀접한 관련이 있다고 알려져 있다. 또한 기본적인 학업 능력과 같은 인지적 능력도 학생 정보격차를 유발시키는 의미 있는 변인으로 간주되고 있다. 이를 보다 구체적으로 살펴보면 다음과 같다.

초·중등학생들의 컴퓨터 기술관련 태도, 행동, 기능 면에서 보이는 남녀학생 간 차이에 관한 연구에서는, 이를 개인적인 성향이나 관심의 차이와 같은 생물학적인 차이에 기인하는 것으로 단정 짓는 경향이 있었다. 그러나 올리버(Oliver), 카나다와 브루스카(Canada & Brusca), 깁슨(Gipson) 등은 이러한 격차가 생물학적인 원인에 의해 나타나기보다는 개인적 정보추구욕구, 정보접근의 기회와 학교 환경, 가정과 사회의 성 편견적 측면에서 다양하게 발생하고 있음을 밝히고 심리적, 문화적으로 다양한 요인들을 검토해야 한다고

주장하였다.94)

  손경애는 수용자 개인의 심리적 속성(정보추구동기화, 동료집단의 특성)이나 사회적 관계 특성에 따라 컴퓨터에 대한 지식과 태도 면에서 격차가 발생할 것이라는 일반적인 정보격차가설을 검증하기 위해 고등학생의 PC 이용 격차를 유발시키는 요인을 경로분석 방법을 사용하여 분석하였다.95) 손경애는 기존의 정보격차에 영향을 미치는 요인을 분석하는 연구에서 사용한 성별, 지역, 사회·경제적 수준 등 사회인구학적 특성 변인들은 PC 이용격차의 단편적인 측면만을 드러내는 한계점을 지니고 있다고 비판하면서, 성, 정보추구욕구가 청소년들 사이의 PC 이용격차를 설명하는 주요한 변인임을 밝히고 있다. 손경애의 연구는 우리 사회에서도 성별 격차가 PC 이용에서까지 나타나고 있다는 점과, 기존의 논의에서 정보격차에 영향을 미치는 주요한 요인으로 간주되어 왔던 사회·경제적 지위보다는 정보를 추구하고자 하는 개인의 욕구96)가 PC 이용 격차를 설명하는 더 중요한 변인임을 검증했다는 점에서 의의를 발견할 수 있을 것이다.

  그런데 한국청소년개발원에서 조사한 바에 의하면 청소년 계층 내부의 정보격차가 학교급별, 거주지역별, 가정경제수준별, 학업능력별로 나타나고 있어 손경애의 연구와는 대조적인 결과를 보이고

---

94) Canada, K. and Frank Brusca(1991). *op. cit.* pp.43~51; Oliver, Ron(1993). 'A Comparison of students' information technology skills in 1985 and 1991'. *British Kournal of Educational Technology* 24(1). pp.52~62; Gipson(1997). 'Girls and Computer Technology: Barrier or Key?'. *Educational Technology.* pp.41~43.

95) 손경애(2001b). 전게논문.

96) Ettema J. S. and F. G. Kline(1977). 'Deficit difference and ceiling: Contingent conditions for understanding the knowledge gap'. *Communication Research* 4(2). pp.179~202.

있다. 이러한 상반된 결과는 과연 우리 사회에서 개인의 사회·경제적 지위가 정보격차에 어느 정도의 영향을 미치고 있는지에 대해 보다 구체적으로 분석해야 할 필요성을 제시해준다. 왜냐하면 정보격차란 새로운 사회적 불평등의 원인으로 등장한 개념이고, 이전 사회에서 불평등의 주요 원인으로 지적되어 온 사회·경제적 지위의 영향력이 학생들에게 크게 존재하게 된다면 쉴러(Schiller)나 카스텔(Castelle)의 지적처럼 향후 사회구성원들의 통합을 저해하여 국가적인 위기로까지 이어질 가능성이 있기 때문이다.[97] 정보격차 해소를 위한 각종 정책들은 개인의 사회·경제적 지위의 차이에서 오는 격차를 줄이기 위한 노력이라고 해도 과언이 아닐 만큼, 정보격차와 사회·경제적 지위와의 관련성은 지속적인 관심을 두고 측정할 필요가 있다.

밀러(Miller)와 그의 동료들은 학생들의 컴퓨터 이용과 태도에 대한 차이를 학생들의 컴퓨터 기술과 획득에서 나타나는 개인적인 인식 차이로 보고 있다.[98] 이들은 컴퓨터 이용의 성별 차이에 관한 기존 연구들이 학습 스타일이나 소프트웨어 사용에서의 차이 등 생물학적인 특성을 중심으로 그 원인을 설명하는 경향이 강하다는 것을 지적하였다. 그러나 최근의 연구에서는 게임, 컴퓨터 이용의 사용 목적, 사용 유형 등에 성별 차이가 없는 것으로 밝혀지고 있기 때문에 컴퓨터 이용에서 보이는 성별 격차의 원인을 밝히기 위해서

---

97) Castells, M. (1989). *op. cit;* Schiller, H. (1986). *Information Inequality.* NY: Routledge. 김동춘 역(2000). **정보불평등**. 민음사.

98) Miller et al. (2001). 'Middle School Students' Technology Practices and Preference: Re-Examining Gender Difference'. *Journal of Educational Multimedia and Hypermedia* 10(2). pp.125~140.

는 이전과는 다른 관점을 취해야 한다고 주장하였다. 나아가 웹 (Web)의 등장은 이러한 성별 격차를 더욱 줄이고 있으므로 성별 차이를 가져오는 요인의 범위를 컴퓨터 기술과 획득에 대한 인식, 가정 내 접근 기회, 개인적인 선호도의 3가지 영역으로 확장시켜야 한다고 제시하였다.

학생 정보격차는 이와 같은 개인적인 배경뿐 아니라 가정환경의 영향에 의해서도 나타나게 된다. 정숙경은 남녀학생의 정보리터러시에 영향을 미치는 다양한 요인 중 개인적인 요인으로 성별, 컴퓨터 관련 직업의식 외에 부모 영향 지수 등을 들고 있으며, 파파다키스 (Papadakis)는 가정의 IT 채택, 이용, 영향을 분석하기 위한 모형을 통해 가정 내 부모와의 정보관련 대화와 상호작용 및 PC 활용 정도가 학생의 정보 활용에 있어 차이를 가져오는 1차적인 요인이 됨을 밝혔다.[99] 파파다키스는 가정에서의 정보기술 활용의 부재가 사회·경제적 배경의 불이익을 영속시키고, 노동에 필요한 컴퓨터기술 습득을 어렵게 하며, 필요한 교육자원 및 정보를 찾는 능력을 영속화시키는 원인으로 작용하고 있다고 하면서 학생의 정보 활용에 있어 가정환경의 중요성을 강조하고 있다.

가정과 학교의 컴퓨터 이용을 상호 연결시켜야 한다고 주장한 스톡 (Stock) 역시, 학생들의 컴퓨터 이용은 가정의 경제적 여건에 크게 영향을 받기 때문에 가정 내 컴퓨터 보급 및 이용에 대해 각별한 정책적 관심이 필요하다고 주장하였다.[100] 그녀는 CYF(Computers for

---

99) Papadakis, Maria C. (2001). *The Application and Implications of Information Technologies in the Home: Where Are the Data and What Do They Say?*. National Science Foundation. Arlington, VA. ED452 050.

100) Stock, Elisabeth(2001). 'Computers for Youth: Why It Makes Sense to

Youth) 프로젝트를 통해 가정에서 부모가 아동의 컴퓨터 이용에 적극적으로 참여할 때 학교에서의 성취동기 또한 높아지는 것을 발견하였다. CFY 프로젝트에서는 도시 지역 학교의 컴퓨터 교육을 위해 학생, 학부모, 교사들이 함께 참여하는 훈련과정, 기술적인 지원 및 맞춤식 웹 콘텐츠까지 제공하고 있다. 이 프로젝트에서는 학교와 가정이 함께 연계되어야만 학부모들이 아동 교육에 함께 참여하게 되고, 이를 통해 학생과 교사들의 정보통신기술 이용 능력이 향상될 수 있음을 강조하고 있다.

벡커(Becker)도 가정에서의 컴퓨터 접근 및 이용 정도가 학생들의 정보격차를 좌우한다고 보고 가정환경의 중요성을 강조하였다.[101] 그는 '97~'98년도에 시행된 대규모 국가 조사를 통해 부모의 수입이나 교육 정도, 부모의 직장 내에서 컴퓨터 이용관련 경험, 지역사회(이웃 혹은 친구), 인종(ethnicity)의 영향 등을 아동의 정보격차에 영향을 미치는 가정환경 요인으로 제시하였다. 특히 이 중에서 가정 내 컴퓨터 이용 조건 및 가족 구성원들의 컴퓨터 이용 경험은 아동의 컴퓨터 이용에 커다란 영향을 미치는 것으로 나타났다. 가정의 사회·경제적 지위에 따라 학생들의 컴퓨터 이용에도 큰 차이가 나고 있는데, 부모 모두 직장에서 컴퓨터를 이용하는 경우에는 학생들 역시 높은 컴퓨터 이용률을 나타내고 있음을 밝혔다. 또한 벡커에 의하면 가정에서 컴퓨터를 이용해 어떠한 경험이나 활동을 하느냐에 따라서도 학생들의 컴퓨터 이용 정도가 달라지는데, 학교에서는 주로

Focus Digital Divide Efforts on the Home'. The Digital Beat. *Communication Policy and Practice*. Feb 22. (http://www.benton.org/DigitalBeat/db0222201.html)

101) Becker, H. J.(2000b). *op. cit.* pp.44~75.

문서편집이나 정보검색 등의 경험을 하고 있는 데 비해, 가정에서는 주로 오락적인 용도(게임)로 컴퓨터를 이용하고 있거나 문서편집의 기능을 벗어나지 못하고 있음을 발견하였다. 이러한 연구결과를 바탕으로 벡커는 학교에서의 활동과 가정에서의 활동이 일치될 때 학생들의 컴퓨터 이용 정도는 더욱 높아질 것을 제언하고 있다. 학교에서의 활동과 가정에서의 활동이 일치될 때 학생들의 컴퓨터 이용 정도가 높아질 것이라는 기존의 연구 결과들은, 학생 정보격차는 학생들이 학교 내에서 구체적으로 경험하는 학습 환경 및 수업에서의 경험과 밀접한 관련이 있음을 보여주고 있으며, 이에 대해 보다 적극적인 관심을 기울여야 함을 보여주고 있다.

지금까지 개관한 선행 연구를 통해 개인 수준에서 학생 정보격차에 영향을 미치는 변인을 선정하는 데 얻을 수 있는 시사점은 다음과 같다. 첫째, 학생 정보격차는 성이나 사회·경제적 지위와 같은 인구통계학적 배경에 의해 영향을 받는다. 특히 사회·경제적 지위는 학생 정보격차를 설명하는 가장 의미 있는 변인이다. 둘째, 부모의 컴퓨터 이용 정도 및 부모와의 상호작용 등 가정의 정보화 환경도 학생 정보격차에 유의미한 영향을 미친다. 셋째, 정보추구욕구, 사회적 상호작용충족 욕구와 같은 사회심리적 변인의 영향도 최근의 연구에서 발견되고 있다. 넷째, 개인배경의 영향을 강하게 받고 있는 학생 정보격차는 학교 내의 활동과 가정에서의 활동이 연계되는 방식과도 밀접한 관련이 있다. 〈표 Ⅱ-7〉에 지금까지 개관한 학생 정보격차에 영향을 미치는 학생 수준의 변인을 종합하여 정리하였다.

〈표 II-7〉 학생 정보격차에 영향을 미치는 학생 수준 변인

연구자(기관)	배경변인	가정 변인	사회심리적 변인
Canada& Brusca(1991)	성, SES	부모의 성역할 편견	심리, 문화적 영향
Oliver(1993)	성		지식 · 태도
Gipson(1997)	성	접근기회	
Miller et al. (2001)		가정 내 접근기회	컴퓨터 기술에 대한 인식 미디어 유형, 선호도
정숙경(2001)	성	부모 영향 지수	컴퓨터관련 직업의식, 수학/컴퓨터교과 선호도
손경애(2002)	성지역SES		정보추구욕구 사회적 상호작용충족욕구
Papadakis(2001)	SES심리적 상태	가정 내 부모와의 정보 관련 대화 및 상호작용, PC의 교육적 활용 정도	학교 경험
Stock(2001)		아동의 컴퓨터 이용에 대한 부모 참여, 부모의 가정 내 컴퓨터 접근 및 이용 정도	
Becker(2000)	인종SES지역사회	부모의 직장 내 컴퓨터 이용 관련 경험, 가정과 학교의 컴퓨터 이용 활동 일치 정도	학교 경험

나. 학교 수준 변인

학생 정보격차는 학생들이 다니고 있는 학교 특성에 의해서도 영향을 받게 된다. 학생 정보격차와 관련된 학교 수준의 변인을 탐색

하는 것은, 학교가 인적, 물적, 그리고 환경적 요인의 복합체적 성격을 지닌 하나의 사회체제이며 나름대로의 독특한 조직과 구조를 지니고 있다는 데 근거를 두고 있으며,[102] 이러한 학교조직의 특성이 학생들의 정보격차에도 직·간접적으로 영향을 미칠 것이라는 가정에서 비롯된다.

학생 정보격차와 관련된 초기의 연구들에서는 학교 내에서 남·녀 학생의 컴퓨터 이용에 차이를 가져오는 원인을 찾고자 하였다. 학교에 컴퓨터가 도입되기 시작한 1980년대는 학생당 컴퓨터 수가 충분하지 않았기 때문에 주로 학교 내에서 컴퓨터에 대한 접근성 여부가 논의의 주된 내용이었다.[103] 컴퓨터 이용에서 보이는 학생들의 성별 불평등의 원인을 학교 내에서 찾으려고 했던 초기 연구 중에서는 첸 (Chen)의 연구가 대표적이다. 그는 미국 내 고등학교 남녀 학생 간의 수학적 능력의 차이가 컴퓨터의 영향으로 더욱 심화되고 있음을 실증적으로 보여주었다.[104] 당시 미국의 고등학교는 성별, 사회·경제적 지위 및 인종 등이 컴퓨터 이용의 장애 요인으로 작용하지 않는 유일한 장소라는 의식이 지배적이었기 때문에, 모든 학생들은 학교 내에

---

102) Getzels, J. W. and H. A. Thelen(1960). 'The Classroom Group As A Unique Social System'. In N. B. Henry(ed.). *The Dynamics of Instructional Group.* The 59th Yearbook of NSSE. Chicago: University of Chicago Press.

103) David, J. L. (1994). 'Realizing the Promise of Technology: A Policy Perspective'. In Means et al.(ed.). *Technology and Education Reform: The Reality Behind the Promise.* Jossey-Bass Publications. San Francisco. pp.169~189.

104) Rogers, E. M. (1986). *op. cit.* 김영석 역(1994). 전게서. pp.224~229; Chen, M.(1985). 'Gender Differences in adolescents' uses of and attitudes toward computers'. in M. L. McLaughlin(Ed.) *Communication Yearbook* 10. Beverly Hills, CA: Sage. pp.100~216.

서 컴퓨터 이용법을 배울 수 있는 동등한 기회를 제공받고 있는 것으로 알려져 있었다.

그러나 첸(Chen)이 조사한 바에 의하면 고등학생들은 성별·인종에 따라 컴퓨터를 이용해본 경험이 매우 다르게 나타났다. 그는 전형적인 성별 격차 연구와 마찬가지로 개인적 성향, 부모의 학력, 부모의 아들과 딸에 대한 태도, 친구들의 영향력, 가정 내 컴퓨터 보유 등 개인 배경변인들이 큰 영향을 미치고 있음을 밝혔다. 그러나 이외에도 컴퓨터 과목의 교사 분포, 배우는 컴퓨터 프로그램의 내용 등의 측면에서 보면 학교에서 컴퓨터를 배울 수 있는 기회가 주로 남학생 위주로 되어 있어 여학생들은 접근 자체에서 남학생과 동등한 위치에 있지 못하다는 점을 발견하여 학교 내 컴퓨터 접근 구조상의 불평등에 관한 사회적 관심을 불러 일으켰다. 조사대상 학교의 경우 학생들이 접근할 수 있는 충분한 양의 컴퓨터가 학교에 보급되어 있지 못했고, 선택과목으로 되어 있는 컴퓨터 프로그래밍 과목은 수학 점수를 근거로 수강생을 선발하고 있어 남학생들과 경쟁하기를 꺼려하며 수학 점수가 상대적으로 낮은 여학생들의 경우는 컴퓨터의 접근 자체에 대한 기회가 박탈당하고 있다는 것이다. 첸(Chen)은 이 연구를 통해, 컴퓨터가 모든 학교에 보편화되어 그것을 마음대로 사용할 수 있으며 학교 자체에서 컴퓨터 접근과 이용의 남녀 간 불균형을 개선하기 위한 노력을 한다면 여학생들도 컴퓨터를 다루는 능력이 남자들과 동등해질 수 있다는 것은 분명하다고 함으로써 컴퓨터에 대한 학교 내 접근 기회의 중요성을 강조하였다.

카나다와 브루스카(Canada & Brusca),[105] 깁슨(Gipson),[106] 그

리고 밀러와 그의 동료들(Miller et al)[107]의 연구에서도 남녀 중·고등학생의 컴퓨터 기술 관련 태도, 행동, 기능 면에서 차이가 나는 이유는 학교 내 컴퓨터 접근기회나 경험의 측면이 서로 다르기 때문이라는 점을 밝히고 있다. 즉 학생에게 그러한 성별 격차가 나타나는 것은 부모의 사회·경제적 지위나 본래 남녀가 다른 데서 오는 것이라기보다는 여학생들에게 컴퓨터에 대한 접근 기회나 경험의 기회가 적기 때문이며, 실제적인 학교 내 컴퓨터 경험 변량이 통제되면 남녀 간 컴퓨터에 대한 태도나 인식 차는 사라진다는 것이다. 밀러와 그의 동료들은 남녀 학생들의 컴퓨터 활용 기술에 대한 인식과 획득, 가정과 학교에서 컴퓨터의 이용, 선호하는 매체 유형과 내용(contents)에 따른 차이를 조사한 결과 학생들 간의 성별 격차는 발견되지 않았다고 지적하고, 남녀학생들의 성별 격차는 학생들 개인의 능력에 따른 것이라기보다는 부모들의 아들과 딸에 대한 성 편견과 학교에서 제공되는 환경(setting) 차이에 의한 것이 대부분임을 보여주었다. 이러한 연구결과를 바탕으로 그들은 학생들의 흥미와 선호에 따라 공평한 접근 기회가 주어진다면 학생 간 성별 격차는 거의 발생하지 않을 것이라는 점을 강조하였다.

이와 같이 초기의 연구들이 대부분 학생 정보격차의 대상을 컴퓨터로 한정하고 접근성의 문제로 한정하고 있는 경향에 대해 테트로(Tetreault)는 기술 공평성(Technology Equity)의 개념을 적용해 기술의 외연을 보다 확장해야 한다고 주장하였다.[108] 테트로는 학

---

105) Canada, K. and Frank Brusca(1991). *op. cit.* pp.43~51.

106) Gipson, J.(1997). *op. cit.* pp.41~43.

107) Miller et al.(2001). *op. cit.* pp.125~140.

108) Tetreault, D. R. (2000). 'Technology Equity: Are We Asking the Right

생들이 학교를 통해 접하게 되는 기술 환경은 단지 컴퓨터만이 아니라 아래 〈표 Ⅱ-8〉에 제시한 바와 같이 소프트웨어와 관련 인사까지 포함한 보다 넓은 개념 속에서 다루어져야 한다고 보고 있다. 데이비드(David) 역시 학생들이 정보기술에 공평하게 접근하기 위한 요인으로 하드웨어나 소프트웨어뿐 아니라 정보기술을 효과적으로 사용하는 교사들, 교사와 행정가의 정보기술 활용기회 등을 포함시켜야 한다고 하였다.[109]

<표 Ⅱ-8> 기술(Technology) 자원 영역

영 역	관련 자원
하드웨어	컴퓨터, 주변기기(프린터, CD-ROM 플레이어 등)
휴먼웨어	컴퓨터 교사 등 관련 인사, 학교 인사들의 컴퓨터 활용 능력, 교사와 행정가들의 효율적인 컴퓨터 이용 등
물적 기반	네트워크 가능 컴퓨터 수
소프트웨어	운영체제, 방화벽, 서버소프트웨어, 경영소프트웨어, 브라우저, 교수학습용 프로그램 등

자료: Tetreault, D. R. (2000). *op. cit.* p.30.

우리나라에서 남녀학생의 성별 정보격차 요인을 연구한 정숙경의 경우에도 남녀학생 간에 보이는 성별 정보격차는 남학생과 여학생의 본질적 성차에 의해 나타나기보다는 정보기술에 대한 접근 기회의 차이나 남녀 성역할에 대한 사회적 편견이 주된 요인임을 밝혀 기존의 연구 결과들과 일치하고 있음을 보여주었다.[110]

Questions?'. *School Business Affairs* 66(8). pp.28~32.
109) David, J. L. (1994). *op. cit.* pp.186~187.

학교에서 정보통신기술의 사용에 대한 접근기회 측면을 강조하는 연구들을 넘어서, 최근에는 정보격차가 발생하는 맥락을 고려하여 다양한 요인과 과정을 탐색하는 방향으로 연구가 이루어지고 있다. 1990년대 이후 학교 컴퓨터의 보급은 국가의 정책적·재정적 후원에 힘입어 지속적으로 늘어나고 있으며, 컴퓨터를 활용하는 교사의 능력과 학교 환경 역시 예전과는 비교할 수 없을 정도로 달라지고 있다. 그러나 학교에서 컴퓨터를 활용하는 교육이 투자한 예산과 노력에 비해 성과가 높지 않으며 오히려 부정적인 결과를 가져온다는 회의적인 시각이 존재하고 있기는 하지만,[111] 정보통신기술에 대한 양적인 접근 기회를 넘어서 이미 보급된 각종 정보기기와 자원이 학교에서 어떠한 과정과 요인들의 영향을 거쳐 학생들의 정보기술 활용능력에 영향을 미치고 있는지가 보다 중요한 연구의 관심사로 부각되고 있다는 점에서 정보통신기술을 활용하는 학교 내 과정의 측면에 보다 많은 관심을 기울일 필요가 있다.

---

110) 정숙경(2001). 전게논문. pp.167~195.

111) 박승배·나동진(1999). '교육정보화가 교사 및 학생에게 미칠 영향에 관한 비판적 검토'. 한국교육 26(2). pp.255-277; Becker, H. J.(1992). *Top Down versus Grass Roots Decision Making about Computer Acqusitions and Use in American Schools. Report* #40. Baltimore, Md.: Center for Research on Effective Schooling for Disadvantaged Students. Johns Hopkins University; Becker, H. J.(2000). *Findings from the Teaching, Learning, and Computing Survey: Is Larry Cuban Right?*. Revision of a paper written for the January, 2000 School Technology Leadership Conference of the Council of Chief State School Officers. Washington D. C; Cuban, Larry(2000). *So Much High-Tech Money Invested, So Little Use and Change In Practice: How Come?*. Paper prepared for the Council of Chief State School Officers' annual Technology Leadership Conference. Washington D. C.

　　OECD에서는 과정 모형을 통해 학생들의 ICT 기술에 영향을 미치는 학생 개인의 배경적 요인과 학교 요인을 제시하였다(〈그림 II-6〉 참조).112) 이 모형에서는 학생의 ICT 활용 기술(skill)이 가정의 ICT 이용, 학생의 자기주도 학습능력 등에 의해 영향을 받을 뿐 아니라 교사의 ICT 능력이나 학교의 ICT 자원, 학교의 학업성취표준 등과 같은 학교 ICT 이용에 의해 영향을 받고 있음을 가정하고 있다. 이 모형을 통해 OECD에서는 국가 정책의 직접적인 영향을 받고 있는 학교의 역할을 언급하면서 학생의 ICT 기술을 향상시키기 위해서는 하드웨어, 소프트웨어, 네트워킹 등의 학교 ICT 자원 요인을 넘어선 배려가 필요함을 강조하였다. 즉 교사연수 정도나 학교의 학업성취 표준, 지도자의 비전 등과 같은 학교 내 과정 요인이 함께 작용함으로써 학생의 ICT 관련 기술 능력이 향상될 수 있다고 보았다.

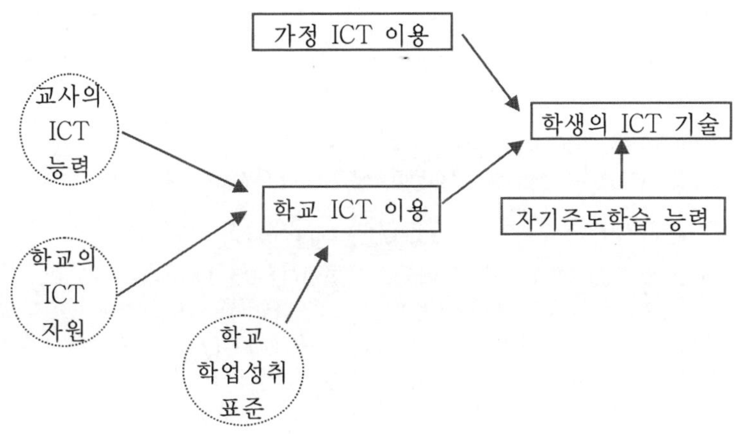

주: 원으로 표시된 부분은 학교 ICT 이용에 영향을 주는 간접적인 변인을 의미함.
자료: OECD(2001). *op. cit.* p.73.

〈그림 II-6〉 학생의 ICT 기술에 영향을 미치는 과정 모형

---

112) OECD(2000). *op. cit.* pp.73~74.

학생, 교사, 학교가 학교에 도입된 정보통신기술을 바람직하게 사용하기 위해서는 학교 조직 자체가 ICT 지도성을 발휘해야 한다는 연구결과도 제시되고 있다. 앤더슨(Anderson)과 덱스터(Dexter)는 개인적 차원이 아닌 조직적 차원에서 학교가 정보통신기술의 사용에 대한 지도성을 발휘해야 한다고 하면서 이를 실천할 수 있는 '학교 ICT 지도성(School Technology Leadership)'[113]모형과 실천 전략을 제시하였다.[114] 〈그림 Ⅱ-7〉에 나타나 있는 바와 같이 앤더슨과 덱스터는 중다회귀분석을 통해 정보화 기반구축, 학교배경요인, 학교 ICT 지도성이 학교 ICT 성과에 미치는 영향을 검증하고자 하였다.[115] 연구결과, 학교 ICT 성과의 모든 측면에 $p<.01$ 수준에서 통계적으로 유의미한 변인은 학교 ICT 지도성과 학생당 컴퓨터 비율로 나타났다. 앤더슨과 덱스터는 연구 결과를 통해, 학생들의 학습에 미치는 정보기술의 역할을 제고하기 위해서는 학교가 목표, 정책, 예산, 위원회, 그리고 다른 구조적인 지원 등에 대해 의사결정 권한을 행사할 수 있어야 한다고 주장

---

113) 앤더슨(Anderson)과 덱스터(Dexter)가 제안한 'School Technology Leadership' 개념에서 Technology는, 이들의 연구 맥락에 따르면 수업에 사용되는 구체적인 기술이라기보다는 전반적인 정보통신기술(Information Communication and Technology)을 지칭하는 것이다. 따라서 Technology는 최근 ICT라는 용어로 번역되어 사용되고 있으므로 '학교 ICT 지도성'으로 번역하여 사용해도 의미상 큰 무리가 없을 것으로 판단하였다.

114) Anderson, R. E. and Sara L. Dexter(2000). 'School Technology Leadership: Incidence and Impact'. *Teaching, Learning and Computing: 1998 National Survey*, Report No.5. Irvine, CA: Center for Research on Information Technologies and Organizations.

115) 이들이 사용한 모델의 독립변인의 하위 변인들은 다음과 같다.
    1. 정보화기반구축(infrastructure) : 학생/컴퓨터 비율, 인터넷 접근 T1급, 학생당 하드웨어 구입비, 학생당 소프트웨어 구입비
    2. 학교배경(background factors) : 학교단계, 학교의 SES, 학교유형

하면서, 다른 어떤 지도성보다 학교 ICT 지도성은 지원적 조직 체제 (supportive organizational system)를 구축하는 데 목표를 두어야 한다는 점을 강조하였다.

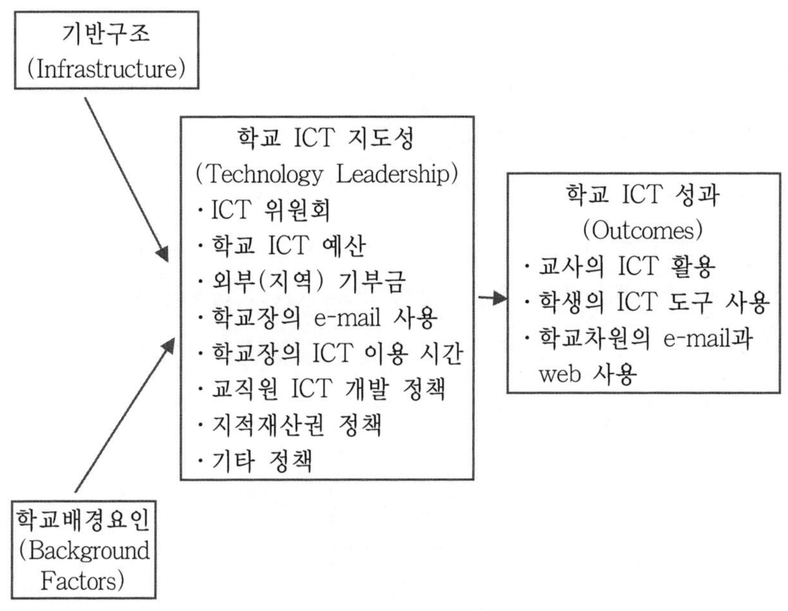

〈그림 Ⅱ-7〉 앤더슨과 덱스터의 학교 ICT 지도성 분석 모형

우리나라에서도 학교의 정보화 환경이나 지도성과 같은 학교특성 변인들이 학생, 교사, 학교의 정보통신기술 활용 정도에 영향을 미친다는 것이 밝혀지고 있다. 정숙경은 학교의 정보화 중요성 강조, 학교장의 정보인식 정도 등이 남녀학생들의 정보리터러시, 인터넷 활용, 주변기기 활용 정도에 의미 있는 영향을 미치고 있음을 발견하였다.116) 조미헌은 학교의 시설, 교사연수, 행정적 지원과 같은

정책적인 요인뿐 아니라, 학교장의 관심 수준 등이 학교의 정보통
신기술 활용과 깊은 관련이 있다고 하였으며,[117] 김철주는 교사들
의 ICT 연수 경험 여부가 ICT에 대한 태도와 인식에 영향을 많이
미치고 있음을 지적하였다.[118] 이경희는 일선 교육현장에서 이미
보급된 멀티미디어의 활용과 지원이 낮은 이유로 학교장의 정보화
마인드 부족과 활용능력 부족, 기종과 시설의 낙후, 교육과정에의
적용 미비, 교사연수 부족 등을 들고 있다.[119]

영국교육정보원(BECTa)에서는 정보통신기술 활용과 학업성취 수
준과의 관계 연구를 통해 ICT 시설 및 자료가 우수하고 이를 잘 활용
한 학교, 특정 교과에 ICT를 활용한 학교, ICT에 대해 긍정적인 정서
를 가진 학교, 학교의 교장이 ICT 시설 및 자료를 활발하게 잘 이용하
고 있는 학교, 그리고 ICT 사용 경험이 많은 교사가 많은 학교 등이
학생들의 학업성취도에 긍정적인 영향을 주고 있음을 밝히고, 학교
내에서 ICT 활용을 촉진하기 위해서는 물리적인 시설뿐 아니라 학내
구성원들의 정보화 마인드 및 이용 방법에 관한 지식에 더욱 관심을
기울여야 한다는 점을 보여주었다.[120]

이처럼 학교의 정보 활용 노력을 강조한 선행 연구들은, 학교정

---

116) 정숙경(2001). 전게논문. pp.167~195.

117) 조미헌(2000). '학교의 정보통신기술 활용 교육 현황'. 한국교육공학회. 교
육공학연구 16(4). pp.175~199.

118) 김철주(1994). '한국 중고등학교의 학습 기자재 및 학교시설 활용상의 문
제점 및 개선방안'. 한국교육공학회. 교육공학연구 10(1). pp.203~218.

119) 이경희(1998). '멀티미디어 활용실태 및 개선방안에 관한 조사연구: 경기
도 초등학교를 중심으로'. 한국교육공학회. 교육공학연구 14(3). pp.259~
299.

120) 한국교육학술정보원(2001). 전게서. pp.40~42.

보화 정책이 도입된 이후 학교(또는 교사들)는 그것을 수용하는 과정에서 독특한 학교 풍토를 형성하고 있으며, 이러한 풍토는 학생들의 정보화 경험을 촉진시키거나 저해하는 형태나 행위로 작용하고 있음을 간접적으로 시사하고 있다. 또한 학교 체제에 포함된 모든 요인은 전체적인 학교정보화 풍토를 형성하는 중요한 부분으로 작용하고 있으며 학교의 제도적·조직적·수업 실천적 측면에 영향을 미치고 있다는 것을 밝히고 있어 이러한 학교 정보화 풍토가 학생들의 정보격차에 대한 학교별 차이도 어느 정도 영향을 미치고 있을 것으로 가정할 수 있다. 그런데 학교 정보화 풍토와 관련하여 그것을 어떻게 측정할 것인지, 학생들에게 어떠한 영향을 미치고 있는지에 대해서는 아직 밝혀진 바가 없기 때문에 보다 심층적인 연구가 필요할 것이다.

이렇게 학생들의 정보격차와 학교 관련 변인을 탐색하는 과정은 학교를 통해 정보격차를 해소하여 교육기회의 평등을 이루려는 시도라는 점에 그 의의가 있다. 앞서 지적한 바와 같이 정보격차의 개념이 본래 사회적 불평등을 해소하려는 관점에서 출발한 것이기 때문에, 학생들의 정보격차 정도를 줄이기 위해서는 사회·경제적 배경과 같은 구조적이고 불변적인 요소보다는 정책적 처치가 가능한 영역을 탐색하는 과정이 필수적으로 요구된다. 따라서 학교가 개인의 사회·경제적 배경의 영향력을 최대한 중재하여 학생들의 정보 활용능력을 신장시켜주는 보상적 평등 역할(compensatory equalizing role)을 담당하고, 사회에서 필요로 하는 기본적인 정보 소양과 활용능력을 익힐 수 있는 사회적 거점으로서의 역할을 수행하기 위해서는 먼저 어떠한 학교 수준의 변인들이 학생 정보격차에 영향을 미치고 있는지, 정책적인 지원과 노력으로 정보격차를 극복할 수 있는 영역이 존재할 수 있는지에 대한 가능성을 탐색해보아야 한다. 아래 제시하는 연구들은 이와 같은 관점으로 학교의 역할을 제고하기 위해 시도된 것이다.

벡커(Becker)는 정보통신기술 사용에 대한 대규모 국가 조사를 수행한 후 학교 내 컴퓨터 이용에 격차를 가져오는 학교 수준의 변인을 다음과 같은 6가지로 제시하였다[121]; 1) 교실 내 컴퓨터 접근 및 이용가능 정도, 2) 교사의 컴퓨터 이용 능력, 3) 컴퓨터 이용에 대한 교사의 철학과 목표, 4) 교사의 실제 이용 및 지도성, 5) 학급의 컴퓨터 이용 능력에 대한 교사의 판단, 6) 학교의 사회·경제적 지위 수준. 여기서 벡커는 학교의 사회·경제적 지위 수준에 주목하고 있다. 높은 사회·경제적 지위에 있는 학생들이 낮은 사회·경제적 지위에 있는 학생들보다 가정과 학교에서 컴퓨터에의 접근 및 이용에 차이가 있음을 발견하고, 학생들의 정보격차를 줄이기 위해서는 불리한 가정의 위치에 있는 학생들에게 더 많은 혜택을 주기 위한 학교의 역할을 강조하였다. 특히 학교에서 효율적인 컴퓨터 이용의 장애물은 노후한 컴퓨터, 학습활동과 ICT 통합 여부, 그리고 인터넷에 접속할 수 있는 학교의 사회·경제적 지위라고 하면서, 컴퓨터 이용의 빈도보다는, 학생들이 학교 내에서 컴퓨터를 어떻게 이용하고 있는지와 관련된 실제적인 과정에 더 관심을 둘 것을 지적하고 있다.

와스챠우이(Warschauer)는 하와이에 있는 높은 사회·경제적 지위를 가진 학교와 낮은 사회·경제적 지위를 가진 학교를 대상으로 참여

---

121) Becker, H. J.(2000). *op. cit.* pp.44~75.

관찰과 인터뷰를 통해 효과적인 정보기술 이용 실태를 밝히는 연구를 수행하였다. 그는 이 연구를 통해 낮은 사회·경제적 지위에 있는 학교라고 할지라도 높은 정보기술 이용 효과를 보이고 있으며 이러한 차이는 자원(resource)과 기대(expectation)라는 두 가지 영역의 학교조직 요인에 의해 나타나고 있음을 밝히고 있다.[122] 자원 영역은 가정에서의 접근 정도, 인터넷이 가능한 학교 내 기종, 최신 기술, 재정지원, 학급규모, 신축성 있는 조직 운영, 상호작용적 수업으로, 기대 영역은 정보기술 도입의 목표와 비전으로 구성되어 있는데, 가정에서의 접근 정도를 제외한 나머지 영역들은 모두 학교에서 제공할 수 있는 정보화 환경이며, 이러한 환경은 학교의 사회·경제적 지위와는 무관하게 작용하고 있음을 보여주면서 정보통신기술활용에 대한 학교의 역할을 강조하고 있다.

머순드(Moursund)는 학교에 ICT를 도입하려는 시도를 가정 내 접근환경의 불평등을 해소하려는 노력으로 파악하고 단순한 기기 접근성의 해소만으로는 교육체제가 직면한 실제 정보격차의 문제를 극복할 수 없을 것으로 보았다.[123] 연필이나 실험도구와 달리 정보통신매체는 비쌀뿐 아니라 보다 높은 수준의 능력을 사용자에게 요구하게 되므로 학교와 가정에서 ICT에 접근할 수 없는 아동의 경우는 심각한 장애를 지닐 수 있게 된다. 그러나 머순드는 ICT에 접근할 수 있다고 해서 학생들이 읽기, 수학 등을 더 잘하는 것으로 볼 수도 없다는 것을 발견했다. 즉 ICT 활용능력과 일반적인 분해

---

122) Warschauer, M.(2000). 'Technology and School Reform: A View from Both Sides of the Tracks'. *Educational Policy Analysis* 8(4).

123) Moursund, D. G.(2001). 'The learner and teacher sides of the digital divide'. *Learning and Leading with Technology* 28(5). pp.4~8.

능력이 동시에 갖추어지지 않으면 ICT 활용은 극대화되기 어렵기 때문에 학교에서는 교육과정에의 통합, 높은 ICT 성취기준 제시, 교사들의 ICT 활용 지원 등 정보격차를 해소하기 위한 지원 노력을 아끼지 않아야 한다고 주장하였다. 그는 이 연구를 통해 학생들의 가정배경을 극복하여 보다 높은 ICT 활용 능력을 갖추기 위해서는 공식적인 교육체제, 즉 학교의 역할이 무엇보다도 요구된다고 주장하였다.

지금까지 제시한 선행 연구 검토를 통해 학생 정보격차에 영향을 미치는 학교 수준 변인을 선정하는 데 다음과 같은 시사점을 도출해볼 수 있다. 첫째, 학생 정보격차는 학교 내 정보화 시설 차이에 가장 큰 영향을 받는다. 학교 내 정보화 시설의 차이는 학교의 사회·경제적 지위나 설립유형에 따라 달리 나타난다. 둘째, 학생 정보격차는 학교의 자율적인 운영이나 학교장의 지도성, ICT 수업 경험 등과 같이 학교 구성원들이 학교에 투입된 정보통신기술을 활용하는 내부적 과정에 의해 영향을 받는다. 특히 교사들의 정보기기 활용 능력과 ICT를 수업에 활용하는 정도에 따라 학생들의 정보통신활용 경험이 달리 나타날 수 있다. 셋째, 학생 정보격차에 영향을 미치는 다양한 학교특성 변인들은 학교와 교사, 학생 수준에서 달리 측정할 수 있다. 학생 정보격차에 영향을 미치는 학교 수준 변인들을 종합하여 정리하면 〈표 Ⅱ-9〉와 같다.

〈표 Ⅱ-9〉 학생 정보격차와 관련된 학교 수준 변인

연구자	분석 내용	관련 변인
Chen(1986)	학생의 컴퓨터 이용에 대한 성별 불균형	학교 컴퓨터 교육기회, 학교 내 정보접근 정도
Canada & Brusca(1991)	남녀학생의 컴퓨터 기술에 대한 태도, 행동, 기능차	학교 내 컴퓨터 접근 기회, 경험 차이
OECD(2000)	학생의 ICT Skill 격차	학교의 ICT 이용(교사의 ICT 능력, 학교 ICT 자원, 학교 학업성취 표준)
BECTa(2001)	정보통신기술 활용과 학업성취도와의 관계	학교의 ICT 시설, 자료 이용 정도, 교과활용 정도
Anderson & Dexter(2000)	학교 ICT 지도성과 학교 ICT 이용성과	학교 배경요인, 학교 ICT 지도성
정숙경(2001)	성별 정보리터러시 격차	학교의 정보화 중요성 강조 학교장의 정보화 인식 정도
조미헌(2001)	학교 정보통신기술 활용	학교의 시설, 교사연수, 행정적 지원, 학교장의 관심 수준
이경희(2001)	학교의 멀티미디어 활용	학교장의 정보화 마인드·활용능력, 기종과 시설, 교육과정에의 적용, 교사연수
Warschauer (2000)	효과적인 정보통신기술 이용	자원영역, 기대영역
Becker(2000)	학교 내 컴퓨터이용 격차 요인	교실 내 컴퓨터 접근 및 이용가능 정도, 교사의 컴퓨터 이용 능력, 컴퓨터 이용에 대한 교사의 철학과 목표, 교사의 실제 이용 및 지도성, 학급의 컴퓨터 이용 능력에 대한 교사의 판단, 학교의 사회·경제적 지위 수준
Moursund (2001)	학생들의 ICT 활용 능력	교육과정에의 통합, 높은 ICT 성취기준 제시, 교사들의 ICT 활용 정도

제3장 정보격차에 대한 학교효과 사례 연구

1. 연구모형 및 분석방법

가. 연구모형

학생 정보격차에 대한 학교 특성 변인들의 구체적인 효과를 분석하고 이를 설명하기 위해 학생 정보격차를 정보접근, 정보이용, 정보생산의 세 영역에서 나타나는 격차로 보고, 이에 대한 학교 효과를 가산적 효과와 상호작용 효과로 구분하여 분석한 사례를 제시한다.

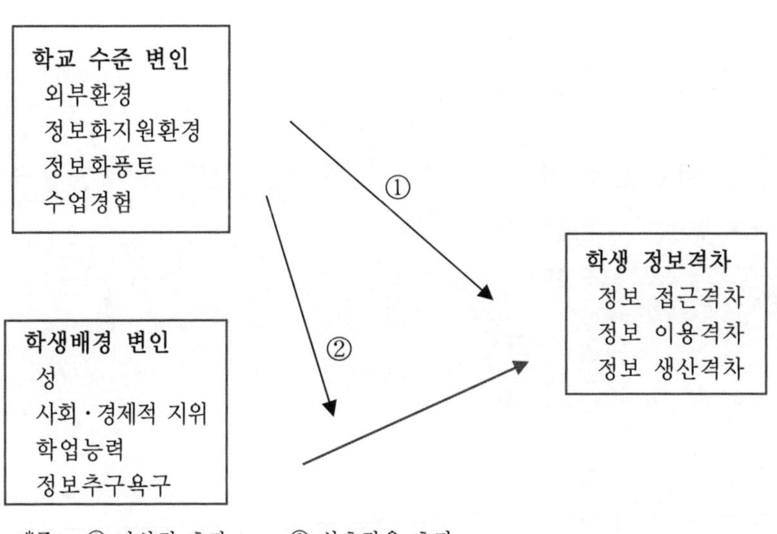

〈그림 III-1〉 연구모형

〈그림 Ⅲ-1〉에 제시된 연구 모형에 ①로 표시된 가산적 효과는 학생 배경변인을 통제한 후에 학교별 평균 정보격차에 미치는 학교 특성 변인들의 효과를 의미한다. ②로 표시한 상호작용 효과는 네 가지 학생 배경변인에 차별적으로 영향을 미치는 학교 특성변인들의 효과이다.

이와 같은 학생 정보격차에 대한 두 가지 학교 효과를 분석하기 위해서는 학생 수준의 정보격차 측정치 및 배경변인 측정치, 학교와 교사 수준에서 측정되는 시설·풍토 변인 측정치, 그리고 학생 수준에서 측정되는 수업경험 변인의 측정치 등 다수준적이고 위계적인 특성을 지닌 네 가지 측정치가 필요하다(〈표 Ⅲ-1〉 참조). 그런데 여기서 학생들의 수업 경험에 관한 자료는 학생 수준에서 수집되기는 하지만 학교 전체의 교육(과정)적 영향이 모든 학생에게 평균적으로 미치고 있다는 전제하에 학교 수준의 자료로 변환시켜 사용된다. 이는 수업 경험이 학생 개인에게 평균적으로 영향을 미치며, 학생 정보격차는 학생 개인의 노력보다는 학교 차원에서의 종합적이고 체계적인 노력을 통해 변화 가능하다는 정책적인 노력과도 밀접한 관련을 지니고 있다.

〈표 Ⅲ-1〉 측정 변인의 수준을 고려한 자료 유형

측정 변인		자료 유형
독립변인		
	학생 배경변인	학생 수준
	학교특성 변인	
	외부환경	학교 수준
	정보화지원환경	학교 수준
	정보화풍토	학교 수준(교사인식평균)
	수업경험	학생 수준(학생인식평균)
종속변인	학생 정보격차	
	정보 접근격차	
	정보 이용격차	학생 수준
	정보 생산격차	

나. 분석방법

1) 학생 정보격차 측정 방법

학생 정보격차에 대한 학교 특성 변인들의 영향력을 분석하기 위해서는 먼저 학생별, 학교별로 정보격차가 있다고 할 수 있는지, 집단 간 분산이 어느 정도인지를 밝혀야 한다. 만약 학생 배경변인별로 정보격차에 차이가 없거나, 학교별로도 유의미한 차이를 보이지 않는다면 이후의 분석이 무의미해지기 때문이다. 따라서 본 연구에서 개발한 측정도구를 통해 얻은 정보격차 수치를 학생별, 학교별 상대적 비교가 가능한 점수로 변환시키는 과정이 요구된다. 학생 정보격차 점수 산출 및 학생 배경변인 및 학교별 차이 검증을 위한 분석방법을 구체적으로 제시하면 다음과 같다.

(1) 학생 정보격차 점수 산출

일반적으로 정보화 수준을 측정하는 지표들은 각 항목이 이질적으로 구성되기 때문에 지표의 상대적 비교를 위해 다양한 산출 방법을 사용하고 있다. 한국전산원에서는 정보화 지표 항목들을 크게 유량(flow)항목과 저량(stock)항목으로 구분하여 가중치를 주는 방식을 제안하고 있다.[124] 행정정보화 수준을 측정한 정명주는 가중치를 부여하는 방식이 원데이터를 훼손시킬 우려가 있으므로 순수 원재료에 의거하여 측정치들의 최대 값과 최소 값을 활용하여 {(측정치－최소 값)/(최대 값－최소 값)}×100으로 표준화하는 방법을 택하고 있다.[125]

우리나라 국민들의 정보격차를 주기적으로 측정하고 있는 한국정보문화센터와 청소년의 정보격차를 조사한 한국청소년개발원에서는 측정 문항을 모두 표준화시키고 전문가들이 부여한 가중치를 영역별로 곱하여 정보격차 지수를 산출하는 방법을 취하고 있다. 한국교육학술정보원에서도 교육정보화 수준의 상대적 비교를 위해 각 영역별 측정 문항을 표준화시킨 후 평균이 80점이 되도록 60점～100점 사이에 각 점수를 다시 계산하고 영역별로 가중치를 곱하여 교육정보화 수준 비료를 위한 점수를 산출하였다.

이상의 연구에서는 공통적으로 정보화와 관련된 지표를 비교하기 위해 측징 영역별로 가중치를 부여하는 방식을 고려하고 있음을 알

---

124) 한국전산원(1996). 정보화 지수를 위한 가중치 연구.
125) 정명주(1998). 행정정보화 측정 및 요인에 관한 연구. 박사학위논문. 서울
    대학교 행정대학원.

수 있다.[126] 이때 가중치는 각 항목의 정보화에 대한 상대적인 기여도를 포함하고 있어야 하며 누구나 인정할 수 있는 합리성을 지녀야 하므로, 과거 작성된 정보화 지수 및 여러 기초 통계 자료와 비교해서 판단하거나 관련 전문가들의 합의에 의해 도출하는 방법이 주로 사용된다.

본 연구에서도 학생 정보격차 측정 문항에 대한 가중치를 얻기 위해 정보화 지표 개발에 참여한 경험이 있는 전문가 7인, 설문대상 학교 교육정보부장 30인에게 가중치 적용을 의뢰하였고, 전문가들이 적용한 가중치 중 평균점수의 변화에 영향을 미치는 최대 값과 최소 값을 제외한 가중치를 평균하여 최종 가중치로 사용하였다. 각 문항의 가중치는 대영역 내 소영역별 합계가 100%, 대영역별 합계가 100%가 되도록 하였다. 최종 결과 분석에서 적용된 정보격차 가중치는 다음의 〈표 Ⅲ-2〉와 같다.

---

126) 조한(1997). '정보화 지수 작성과 가중치 적용'. 한국전산원. 정보화저널 4(11); 교육인적자원부·한국교육학술정보원(2001c). 전게서. p.101; 조한은 현행 정보화 관련 지표 작성 방법으로 지적되는 문제점을 다음과 같이 지적하였다. 1. 각 항목의 정보화에 대한 기여도가 무시된다. 2. 급격히 변하는 정보화의 구조변화를 제대로 나타내지 못한다. 3. 기본 지표의 측정 항목이 많아질 경우 해당 측정 항목이 상대적으로 적은 기여도를 갖는 것으로 나타난다. 4. 최근 급격히 증가되는 신기술 관련 항목이 상대적으로 과도한 영향을 미친다.

〈표 Ⅲ-2〉 학생 정보격차 영역별 가중치

대영역 (가중치)	소　영　역	가중치
정보 접근격차 (27%)	정보인식(정보화 사회 전망)	(23%)
	가정 접근(H/W, S/W, 주변기기)	(36%)
	학교 접근(H/W, S/W, 주변기기)	(33%)
	가정과 학교 외 접근(H/W, S/W, 주변기기)	(8%)
정보 이용격차 (42%)	컴퓨터 운영체제	(10%)
	기본 프로그램(문서, 엑셀, 파워포인트 등)	(36%)
	응용 프로그램(멀티미디어, 홈페이지 만들기)	(20%)
	고급 프로그램(고급 언어)	(9%)
	인터넷 이용(정보검색, 전자메일)	(20%)
	오락적 이용(게임, 채팅 등)	(5%)
정보 생산격차 (31%)	정보교류(전문가, 다른 학생들과의 교류)	(20%)
	정보열의(자기 주도적 정보탐색 및 사용)	(32%)
	정보참여(정보화관련 프로그램 및 자격증, 홈페이지 소유)	(30%)
	정보윤리(정품·음란물 차단 프로그램 사용)	(18%)
전체(100%)		

　　가중치를 고려한 학생 정보격차 점수는 다음의 과정을 통해 산출
하였다. 학생 정보격차점수 산출 공식은 교육인적자원부와 한국교
육학술정보원의 초·중등교육정보화지표 연구에서 각급 학교별 정
보화 수준을 비교하기 위해 사용한 방법을 적용하였다.[127]

<u>학생 정보격차 점수 산출 절차</u>

측정문항 표준점수 변환→(표준점수×10)＋80

→소영역 문항 합계 점수 평균→소영역별 점수 산출

→대영역 내 소영역 점수×가중치→대영역별 점수 산출

→대영역별 점수×가중치→전체 정보격차 점수

위의 절차를 설명해보면 다음과 같다. ① Likert 5점 척도로 구성된 각 문항에 응답한 원 측정치는 단일한 항목을 측정한 것이 아니므로, 합산이 가능하며 응답자들의 상대적인 차이를 드러내기 위해 각 문항을 표준화된 점수(Z점수)로 변환한다. ② 변환된 표준점수에 10을 곱하고 다시 80을 더해 전체 수치가 60~100 사이에 위치하도록 전환한다. ③ 이렇게 전환된 점수는 소영역 문항별로 점수를 합하고 평균을 구한 후 가중치를 곱하여 소영역별 점수를 얻는다. ④ 대영역 내의 소영역별 점수를 합하여 얻은 대영역 점수에 가중치를 곱하여 대영역 점수들을 합한다. ⑤ 대영역의 점수들을 모두 합하여 총 학생 정보격차 점수를 산출한다.

(2) 학생 정보격차 차이 검증

앞에서 산출한 학생 정보격차 영역별 점수가 상호 어떠한 관련이 있는지를 알아보기 위해 상관분석을 실시하였다. 학생 배경변인별, 학교별로 정보격차가 어느 정도 나타나고 있는지를 분석하기 위해 산출된 정보격차 점수가 분포의 정상성, 분산의 동질성 가정을 충족시키고 있는지 검증하였다.[128] 학생 정보격차 점수가 정규분포를 이루고

---

127) 교육인적자원부·한국교육학술정보원(2001c). 전게서. pp.155~157.

있다는 분포의 정상성은 평균, 표준편차, 분산, 최소 값, 최대 값 및 왜도 값, 첨도 값을 통해 검증하게 된다. 종속변수인 학생 정보격차 점수의 모집단 변량이 동일한 변산성을 가져야 한다는 분산의 동질성 가정은 Levene 분석방법을 사용하였다.

학생 배경변인별, 학교별 정보격차 점수 평균의 차이 검증은 T-test 분석 및 일원변량분석(ANOVA) 방법을 사용하였다. 일원변량분석을 통해 학생 정보격차 평균 점수 차이를 보이는 학생 배경변인들에 대해 Scheffe 사후검증(post hoc test)을 실시하여 구체적인 집단 간 평균의 차이 정도를 검증하였다. 상관관계 분석, T-test 분석, 일원변량분석 및 사후 검증 분석을 위해 SPSS Windows 7.5 프로그램을 사용하였다.

2) 학생 정보격차에 대한 학교 효과 분석 방법

본 연구에서 사용하는 학생 정보격차와 관련된 변인들은 다수준에서 측정되는 위계적인 구조로 이루어져 있다. 따라서 본 연구에서는 학생 정보격차에 대한 학교 효과를 구체적으로 밝히기 위해 분석단위의 수준을 고려하여 각 수준별 변인의 영향력을 검증해주는 위계적 선형모형(HLM 5 for windows)을 사용하고자 한다. 위계적 선형모형의 특징과 본 연구에서 사용한 분석방법에 대해 설명하면 다음과 같다.

---

128) 박광배(2003). 변량분석과 회귀분석. 학지사. pp.56~58.

(1) 특징

위계적 선형모형(HLM: Hierarchical Linear Model)은 학교효과 연구에서 전통적으로 사용했던 분석방법의 문제점을 해결하기 위해 고안된 다수준 자료 분석(multilevel data analysis) 방법론의 하나이다. 일반적으로 사용하고 있는 변량분석이나 중다회귀분석과 같은 기존의 통계방법들은 분석의 단위, 회귀계수의 변산, 공상관요인(confounding factors), 층위 간 상호작용(cross-level interaction), 신뢰도 추정의 다섯 가지 문제점을 안고 있는데, 위계적 선형모형은 이러한 문제점을 극복할 수 있는 논리적으로 타당한 분석방법이라고 할 수 있다.[129] 위계적 선형모형은 학생들의 학업성취도에 미치는 학교효과 연구를 위한 목적으로 개발된 것이지만 이후 고등교육 분야와 시·도교육청 평가 등으로 적용 범위가 확대되고 있다.[130]

---

129) 더 자세한 내용은 Raudenbush, S. W. and Bryk, A. S. (1986). 'A Hierarchical Model for Studying School Effects'. *Sociology of Education* 59. pp.1~17; Lee, Valerie E. (2000). 'Using Hierarchical Linear Modeling to Study Social Contexts: The Case of School Effects'. *Educational Psychologist* 35(2). pp.125~141; Schafer, W. D. and Shu Jing Yen(2000). 'School Effects Indices: Stability of Oneand Two-Level Formulations'. *The Journal of Experimental Education* 68(3). pp.239~250; 김경성(1993). '다층자료 분석의 기초와 활용'. 한국교육학회 하계학술대회 발표논문; 강상진(1997). '다층자료(Multi-level Data) 분석 방법: 2-Level Model을 중심으로'. 한국교육평가학회. 통계자료 분석 Workshop 자료집 등 참조; 성기선 편저(1998). 학교효과 연구의 이론과 방법론. 원미사; 강상진·김현주(2001). '학교효과의 측정과 학교평가방법 비교분석'. 한국교육학회. 교육학연구 39(3). pp.1~26. 등 참조.

130) 서민원(1996). 대학교육의 효과성 변인의 측정과 분석. 박사학위논문. 서울대학교 대학원; 성기선(1997). 전게논문; 안영후(2000). 학교특성 변인이 학업성취도에 미치는 영향 분석. 박사학위논문. 동아대학교 대학원; 최길찬(1995). 학생의 변화점수에 기초한 교수효과 측정모형 간의 비교 연구. 석사학위논문. 서울대학교 대학원; 강상진·김현주(2001). '학교효과의 측정과 학교평가방법 비교분석'. 교육학연구 39(3). pp.1~26; 성기

(2) 수리적 모형과 적용

본 연구에서는 학생 배경변인 및 학교 수준변인으로 구성된 두 가지 분석 자료를 사용하고 있다. 각 자료와 학생 정보격차와의 관계를 분석하기 위한 위계적 선형모형의 일반적인 방정식을 제시하면 다음과 같다.

1-수준 모형(개인 수준)의 방정식

j 학교에 속해 있는 i 학생의 정보격차 점수(종속변인)를 Yij로 표시한다. 여기서 종속변인은 학생 개인의 배경변인인 Xqij와 오차변인 γ ij의 함수 관계를 지니고 있다. 이러한 관계를 방정식화하면 다음과 같이 표현된다.

$$Yij = \beta\, 0j + \beta\, 1jX1ij + \cdots\cdots + \beta\, qjXqij + \gamma\, ij$$

〈주〉 Yij -j 학교에 다니는 i 학생의 정보격차 점수

　　　 Xqij -j 학교에 다니는 i 학생의 q번째 학생 수준 독립변인

　　　 β 0j -i 학교의 절편(intercept)

　　　 β qj -j 학교의 Xq의 회귀계수

　　　 γ ij -j 개인 수준의 잔여치(random error), 이때 잔여치는
　　　　　　　 평균이 0이고 변량이 σ 2인 분포를 이룬다.(γ ij~
　　　　　　　 N(0, σ 2))

선 · 김주후(2001). '시 · 도교육청별 교육효과 분석을 위한 탐색적 연구 : 위계적 선형모형(HLM)과 군집분석의 활용'. 교육행정학연구 19(4). pp.267~289; 김태일(1999). '위계적 선형모형기법의 이론과 적용: 고교 학업성취도 결정요인분석 사례를 중심으로'. 정책분석평가학회보 9(1). pp.203~218 등

위 식에서 회귀계수 βqj는 j 학교에서 학생 수준변인(예를 들어 학생 성별 변인)의 함수에 의해서 종속변인이 어떻게 분포하는지를 보여주는 것으로써 학교 내에서 학생 수준 변인과 정보격차 점수와의 관련성을 의미한다.

2-수준 모형(학교 수준) 방정식

위계적 선형모형에서는 학생 수준 변인의 영향력을 의미하는 1-수준 방정식에서의 회귀계수 βqj가 학교에 따라서 변화한다고 가정한다. 각각의 βqj는 학교 수준의 변인(Wsj)들과 학교의 고유효과(μqj)에 의해서 설명되는 결과변인을 의미하며, 각각의 βqj들을 방정식으로 표현하면 다음과 같다.

$$\beta 0j = \gamma 00 + \gamma 01 W2j + \cdots + \gamma qsq Wsqj + uqj$$

$$\vdots$$

$$\beta qj = \gamma q0 + \gamma q1 W2j + \cdots + \gamma qsq Wsqj + uqj$$

〈주〉βoj -j 학교의 학생 수준 분석을 통해 산출된 절편

βqj -학생 수준 독립변인의 기울기를 나타내는 회귀계수

Wsj -j 학교의 s번째 학교특성 변인

γqs -β 값에 대한 학교 수준 변인의 회귀계수. 고정효과 (fixed effect)

uqj -학교 수준의 잔여치. 이때 잔여치는 평균이 0이고 변량이 τ 이다

$$(uqj \sim N(o, \tau)).$$

위 식에서 γ 들은 고정효과(fixed effect)라고 불리며, 다른 독립변인들의 효과를 통제한 후의 각 종속변인에 대한 독립변인의 효과를 나타낸다. 반면, uqj들은 집단 수준의 잔여치를 의미하는 무선효과(random effect)라고 하며, 학생 배경변인의 효과와 학교 수준 변인의 효과를 통제하고 난 후 종속변인의 순수한 모수치 변량을 의미한다.

본 연구에서 학생 수준 방정식에 투입될 종속변인은 학생 정보격차 점수,[131] 학생 정보 접근격차 점수, 학생 정보 이용격차 점수, 학생 정보 생산격차 점수 4개이다. 학교 수준 방정식에 포함될 독립변인은 개인 배경변인 4개와 학교 수준 변인 15로 총 19개이다. 위계적 선형모형의 기본 방정식을 이용하여 본 연구 문제를 규명하기 위한 분석 모형을 단계별로 제시하면 기본 모형, 중간모형, 연구 모형이 된다. 세 가지 모형을 학생 정보격차 점수를 예로 들어 제시하면 다음과 같다.

(가) 기본 모형

1-수준 모형: Y_{ij}(학생 정보격차 점수) $= \beta_{0j} + \gamma_{ij}$

2-수준 모형: $\beta_{0j} = \gamma_{00} + uq_j$

기본 모형은 학생 수준 방정식과 학교 수준 방정식에 어떠한 독립변인도 포함시키지 않은 무변인 모형이며, 위계적 선형모형의 가

---

[131] 이후 '학생 정보격차점수'로 표기되는 종속변인은 학생 정보격차를 구성하는 세 가지 영역(정보 접근격차, 정보 이용격차, 정보 생산격차)에 가중치를 주어 합한 총점수를 의미한다.

장 하위단계인 일원변량분석(one-way ANOVA model)에 해당한
다. 기본 모형에서 얻을 수 있는 집단 간 변량비율 계수(intraclass
correlation)는 종속변인이 집단 내에서와 집단 간에 얼마나 많이 변
화하는지, 즉 각 수준별 변인이 종속변인을 설명하는 비율이 어느
정도인지에 대한 정보를 제공해준다. 이를 통해 각 종속변인(학생
정보격차 점수)에 대해 학생 수준 및 학교 수준에서 발생하는 설명
변량 비율, 즉 학교 내 변량 및 학교 간 변량비율을 산출할 수 있다.

(나) 중간모형

1-수준 모형: Y_{ij}(학생 정보격차 점수)$=\beta_{0j}$(절편)

$$+\beta_{1j}(성)$$

$$+\beta_{2j}(사회 \cdot 경제적 \ 지위)$$

$$+\beta_{3j}(학업능력)$$

$$+\beta_{4j}(정보추구욕구)$$

$$+\gamma_{ij}(고유 \ 증가치)$$

2-수준 모형: $\beta_{0j}=\gamma_{00}+u_{qj}$

중간모형은 위계적 선형모형의 하위 모형 중 무선계수모형
(Random-Coefficient Model)에 해당한다. 이 모형을 통해 산출된
절편 값(β_{0j})은 4개의 학생 배경변인을 통제한 후에 예상되는 학
교별 평균 정보격차 정도를 의미한다. 따라서 절편 값이 학교별로
유의미하게 변화하는지 살펴봄으로써 학교 효과가 발생하는 가능성
의 범위에 대해 알 수 있게 된다.

(다) 연구모형

1수준 모형: Yij(학생 정보격차 점수)=β 0j(절편)

$+\beta$ 1j(성)

$+\beta$ 2j(사회·경제적 지위)

$+\beta$ 3j(학업능력)

$+\beta$ 4j(정보추구욕구)

$+\gamma$ ij(고유 증가치)

2수준 모형: β 0j=γ 00 (절편)

$+\gamma$ 01(외부환경)

$+\gamma$ 02(정보화지원환경)

$+\gamma$ 03(정보화풍토)

$+\gamma$ 04(수업경험)

$+$uqj(고유 증가치)

연구모형은 1-수준 모형 및 2-수준 모형에 본 연구에서 설정한 모든 독립변인을 투입하는 단계이다. 이를 통해 학생 정보격차에 대한 학생 수준 및 학교 수준 변인들의 설명력이 어느 정도인지 알 수 있으며, 학생 배경변인 통제 후 학생 정보격차에 미치는 학교 특성 변인들의 가산적 효과를 분석할 수 있다.

(라) 기울기-절편 결과 모형

1수준 모형: Yij(학생 정보격차 점수)=β 0j(절편)

$+\beta$ 1j(성)

$$+\beta 2j(사회 \cdot 경제적\ 지위)$$
$$+\beta 3j(학업능력)$$
$$+\beta 4j(정보추구욕구)$$
$$+\gamma ij(고유\ 증가치)$$

2수준 모형: 배경변인기울기($\beta 1j$, $\beta 2j$, 또는 $\beta 3j$)$=\gamma i0$(절편)
$$+\gamma i1(외부환경)$$
$$+\gamma i2(정보화지원화경)$$
$$+\gamma i3(정보화풍토)$$
$$+\gamma i4(수업경험)$$
$$+uij(고유\ 증가치)$$

위계적 선형모형의 기울기-절편 결과모형을 통해 학생 배경 변인과 학교 수준 변인과의 상호작용 효과를 분석할 수 있다. 상호작용 효과는 학생 수준 변인의 기울기(βqj) 변화에 대해 학교 수준 변인들이 나타내는 영향력을 나타내는 회귀계수를 통해 구할 수 있다.

2. 분석자료의 기초 통계값

가. 기초 통계치

1) 독립변인의 기초 통계 값

본 연구에서 최종적으로 사용된 독립변인들의 기술 통계치를 학생 수준과 학교 수준으로 구분하여 아래 〈표 III-3〉에 제시하였다. 본 연구에서는 4개의 학생 배경 변인과 15개의 학교 수준변인을 포함한 총 19개 독립변인을 사용하여 학생 정보격차와의 관련성을 분석하였다.

〈표 III-3〉 독립변인의 평균 및 표준편차

독립변인명	평균	표준편차
학생 수준 변인		
성(남학생)	0.72	0.59
사회·경제적 지위	0.01	1.68
학업능력	2.15	0.72
정보추구욕구	2.66	0.88
학교 수준 변인		
외부환경		
설립유형(국공립)	0.65	0.49
학교소재지(도시)	0.58	0.50
사회·경제적 지위평균	-0.17	0.97
정보화지원환경		
인력지원	0.00	1.77
시설지원	0.00	1.27
활용지원	0.00	1.82
정보화풍토		
홈페이지활용	2.93	0.86
정보화운영방침	3.42	0.73
학교장 지도성	2.61	0.54
교사기기활용능력	2.74	0.45
동료교사 열의	2.75	0.31
교사지원노력	2.75	0.43
수업경험		
컴퓨터수업	2.70	0.36
ICT수업 과정	2.17	0.71
ICT수업 방법	1.63	0.56

* 주: 1) ( )은 1로 입력된 더미변인임.

　　 2) 위에 제시된 독립변인의 기술 통계치는 원재료를 기준으로 분석한 결과이다. 단, 정보화 지원환경 변인의 평균 및 표준편차는 하위 항목을 표준화시켜 합산한 값이다.

나. 학생 정보격차 측정 결과

1) 학생 정보격차 측정 및 정보격차 영역별 상관관계 분석

본 연구에서 설명(종속)변인으로 사용하고 있는 학생 정보격차 점수는 학생 정보격차 영역별 측정 문항을 종합하여 얻은 통계적 수치로서 학생 개개인의 상대적인 정보화수준 차이를 의미한다. 본 연구에서는 '초·중등교육정보화지표 개발 연구'에 사용된 산출 공식을 적용하여 정보격차 영역별 가중치를 고려한 학생 정보격차 점수를 산출하였다.[132] 이 공식을 사용하여 얻은 점수는 평균이 80점이고 최소 60점~최대 100점 사이에 위치하게 되며, 이를 통해 학생들 간의 상대적인 정보격차 비교가 가능하다. 〈표 III-4〉에 학생 정보격차 영역별 점수의 평균, 표준편차, 최소 값, 최대 값, 왜도 값, 첨도 값에 대한 기술 통계치 결과가 제시되어 있다.

〈표 III-4〉 학생 정보격차 점수 기술 통계치

구 분	평균	표준편차	변량	최소값	최대값	왜도	첨도
학생 정보격차	80.01	4.81	23.11	63.32	93.14	-.249	.173
정보 접근격차	80.00	6.68	44.58	61.75	93.73	.000	-.225
정보 이용격차	79.99	6.44	41.45	58.72	96.59	-.248	.395
정보 생산격차	80.03	4.90	24.01	69.02	97.46	.299	-.251

---

132) 가중치를 고려한 점수는 전문가들의 주관성이 반영될 수 있고 원재료를 훼손시킬 우려가 있다는 견해를 고려하여, 학생 정보격차 측정 문항에 응답한 원점수 평균을 사용하여 정보격차 점수를 산출하고 학생별, 학교별 차이를 검증해 보았다. 분석 결과, 원점수와 가중치를 부여한 점수를 사용하여 학생별, 학교별 정보격차 정도를 검증한 결과 간에는 큰 차이가 없는 것으로 나타났다. 이후 분석에 사용된 점수는 가중치를 부여한 점수를 의미한다.

분석결과에 의하면, 정보격차 영역별 점수를 모두 합한 학생 정보격차 점수는 평균이 80.01이고 표준편차가 4.81로 나타났다. 정보격차 영역별 점수 분포를 보면, 정보 접근격차의 경우 최소 61.8점~93.7점, 정보 이용격차의 경우 58.7점~96.6점, 정보 생산격차의 경우 69.0점~97.5점 사의의 분포를 보이고 있으며, 각 영역별로 학생들 간의 정보격차 점수는 최대 30점 이상 차이를 보이고 있는 것으로 나타났다.

이와 같은 학생 정보격차 점수의 분산이 통계적으로 유의미한 것인지는 분포의 정상성 검증을 통해 밝힐 수 있다. 학생 정보격차 점수 분포의 정상성은 〈표 III-4〉에 제시된 각 정보격차 영역별 점수의 왜도, 첨도 값을 통해 검증할 수 있다. 분석결과에 의하면, 학생 정보격차 점수의 왜도 및 첨도 값은 모두 0에 가깝게 나타나고 있어 분포의 정상성 가정을 충족시키고 있음을 알 수 있다. 따라서 각 정보격차 영역별로 학생 간에 나타나는 정보격차 점수의 분산은 통계적으로도 유의미한 것으로 나타나 학생들 간에 정보화 수준에 유의미한 차이가 있다고 결론내릴 수 있다.

다음은 학생 정보격차의 각 영역별 점수의 상호 관련성을 검증하기 위해 상관관계 분석을 실시하였다. 〈표 III-5〉의 결과에 의하면, 학생 정보격차의 하위 영역인 정보 접근격차, 정보 이용격차, 정보 생산격차 간에는 모두 통계적으로 유의미한 양의 상관관계가 있는 것으로 나타났다. 학생 정보격차 영역 간에 양의 상관관계를 보이고 있다는 것은 정보 접근격차가 높을수록 정보 이용격차와 정보 생산격차도 높다는 것을 의미한다. 이를테면, 정보기기에 대한 접근 기회가 높은 학생들은 정보이용 능력도 높고, 정보생산 활동에의 참여 역시 높아지는 경향을 보일 수 있다는 것이다.

<표 Ⅲ-5> 학생 정보격차 영역별 상관관계 분석

구 분	학생 정보격차	정보 접근격차	정보 이용격차	정보 생산격차
학생 정보격차	1.00			
정보 접근격차	.730**	1.00		
정보 이용격차	.878**	.422**	1.00	
정보 생산격차	.735**	.372**	.497**	1.00

** p<.01

2) 학생 배경변인에 따른 차이 검증

학생들 간의 정보격차가 통계적으로도 유의미한 차이를 의미하며, 각 정보격차 영역 간에는 정적인 상관관계가 있음을 확인하였다. 여기서는 학생 정보격차가 성, 사회·경제적 지위, 학업능력, 정보추구욕구의 네 가지 배경변인에 따라 어떻게 차이가 있는지 분석한 결과를 제시한다.

그런데 일원변량분석 방법을 사용하기 위해서는, 본 연구에서 사용한 표본들이 추출된 모집단들은 동분산성을 이루고 있다는 가정을 충족시키고 있는지에 대해 먼저 분석해보아야 한다.[133) 분산의 동질성 검증을 위해 학생배경변인별 정보격차 점수에 대한 Levene 통계량과 유의도를 분석한 결과가 <표 Ⅲ-6>에 제시되어 있다.

---

133) 김정환(2001). 분산분석의 이해. 교육·심리·사회연구방법론 총서시리즈 연구방법 10. 교육과학사. p.50.

<표 III-6> 학생배경변인별 정보격차점수 분산의 동질성 검증

배경변인	학생 정보격차		정보 접근격차		정보 이용격차		정보 생산격차	
	통계량	유의도	통계량	유의도	통계량	유의도	통계량	유의도
성	0.506	0.477	0.084	0.771	0.028	0.866	1.748	0.186
사회·경제적 지위	1.180	0.192	1.272	0.105	1.362	0.054	0.903	0.663
학업능력	0.119	0.888	0.720	0.487	0.731	0.482	2.308	0.100
정보추구욕구	0.970	0.499	1.404	0.107	1.420	0.100	1.014	0.443

　<표 III-6>에 의하면, 학생 배경변인별 정보격차 점수 분포에 대한 표본 분산은 유의도가 .10～.88 사이에 위치하고 있어 최소한의 임계치인 .05보다 큰 것으로 나타났다. 따라서 본 연구에서 사용하고 있는 학생 배경변인들은 동질성을 유지하는 모집단으로부터 표본 되어야 한다는 가정을 충족시키고 있다. 다음은 T-test 및 일원변량분석을 사용하여 학생 배경변인별로 정보격차를 분석한 결과를 제시한다.

가) 성별 차이 검증

　학생 정보격차에 대한 성별 차이를 분석한 결과가 <표 III-7>에 제시되어 있다. 분석결과에 의하면, 학생 정보격차 평균 점수는 남학생이 79.97, 여학생이 80.04로 나타났으나 이는 통계적으로 유의미한 차이는 아니었다. 학생 정보격차 하위 영역별로 분석한 결과에서도 남학생과 여학생의 정보격차 점수에 약간의 차이가 있지만 통계적으로 유의미하지는 않는 것으로 나타났다. 따라서 본 연구에서 사용한 학생 정보격차 점수에 대해서는 성별 차이가 나타나지 않았다.

〈표 Ⅲ-7〉 성별 학생 정보격차 분석

구 분	사례 수	평균	표준편차	t	sig.
학생 정보격차					
남학생	368	79.97	4.93	-.185	.853
여학생	412	80.04	4.70		
정보 접근격차					
남학생	368	80.37	6.67	1.460	.145
여학생	412	79.67	6.67		
정보 이용격차					
남학생	368	79.82	6.74	-.675	.500
여학생	412	80.13	6.16		
정보 생산격차					
남학생	368	79.82	4.97	-1.117	.265
여학생	412	80.22	4.83		

나) 사회·경제적 지위별 차이 검증

한 개인의 사회·경제적 지위는 정보격차에 가장 큰 영향을 미치는 것으로 알려져 있으나, 학생의 경우 사회·경제적 지위에 따라 정보격차가 있는지에 대해서는 연구자마다 상이한 결과를 보이고 있어 명확한 결론을 내리기는 어려운 상태이다. 그러나 본 연구에서는 〈표 Ⅲ-8〉에 제시된 바와 같이 모든 학생 정보격차 영역별로 사회·경제적 지위에 따른 차이가 있으며, 이는 $p < .01$ 수준에서 통계적으로 유의미한 것으로 나타났다.

<표 III-8> 사회 · 경제적 지위별 학생 정보격차 분석

구 분	자승화(SS)	자유도(df)	평균자승(MS)	F	sig.	Sheffè[1]
학생 정보격차						
집단 간	2427.592	49	49.543	2.322	.000	상*중
집단 내	15574.537	730	21.335			상*하
전 체	18002.129	779				중*하
정보 접근격차						
집단 간	3803.935	49	77.631	1.833	.001	상*중
집단 내	30920.435	730	42.357			상*하
전 체	34724.370	779				
정보 이용격차						
집단 간	3760.216	49	76.739	1.964	.000	상*중
집단 내	28526.409	730	39.007			상*하
전 체	32286.625	779				중*하
정보 생산격차						
집단 간	1847.825	49	37.711	1.634	.005	상*중
집단 내	16852.276	730	23.085			상*하
전 체	18700.101	779				중*하

주: 1) p<.05 수준에서 유의미한 차이가 있는 집단만을 제시하였음.
   2) 상위 20%, 하위 20%

이와 같은 차이가 구체적으로 어느 집단 간에 나타나고 있는지 확인하기 위해 사회 · 경제적 지위 변인을 상(상위 20%), 중, 하(하위 20%)로 구분하여 Sheffè 사후 검증을 실시한 결과가 위의 <표 III-8>에 함께 제시되어 있다. 분석결과에 의하면, 모든 정보격차 영역별로 사회 · 경제적 지위에 따른 집단 간 차이가 p<.05 수준에서 유의미한 것으로 나타났다. 그러나 학생정보 접근격차 영역에 대해서는 중위집단과 하위집단 간 차이는 없는 것으로 나타났다. 이러한 결과를 통해 사회 · 경제적 지위가 학생 정보격차에 큰 영향을

미치고 있으며, 특히 상·하위별 집단 간 차이가 뚜렷하게 나타나고 있음을 알 수 있다.

다) 학업능력별 차이 검증

학생 정보격차에 대한 학업능력별 차이를 분석하기 위해 일원변량분석 및 사후 검증을 실시한 결과가 〈표 III-9〉에 제시되어 있다. 분석결과에 의하면, 학업능력에 따른 학생 정보격차가 통계적으로 유의미한 차이를 보이는 것으로 나타났다($p < .001$).

〈표 III-9〉 학업능력별 학생 정보격차 분석

구 분	자승화(SS)	자유도(df)	평균자승(MS)	F	sig.	Sheffè
학생 정보격차						
집단 간	817.845	3	408.922	18.490	.000	상위*중상
집단 내	17184.284	776	22.116			상위*중하
전 체	18002.129	779				상위*하위
						중하*하위
정보 접근격차						
집단 간	964.611	3	482.305	11.101	.000	상위*중상
집단 내	33795.759	776	43.449			상위*하위
전 체	34724.370	779				중하*하위
정보 이용격차						
집단 간	872.902	3	436.454	10.795	.000	상위*중상
집단 내	31413.718	776	40.429			상위*중하
전 체	32286.625	779				상위*하위
정보 생산격차						
집단 간	706.936	3	353.468	15.264	.000	상위*중하
집단 내	17993.165	776	23.157			상위*하위
전 체	18700.101	779				중상*하위
						중하*하위

주: 1) $p < .05$ 수준에서 유의미한 차이가 있는 집단만을 제시하였음.
　　2) 상위(1~10등), 중상(11~20등), 중하(21~30등), 하위(31등 이하)

이와 같은 차이가 구체적으로 어느 집단 간에 나타나고 있는지 확인하기 위해, 학업능력 변인을 4등급(상위, 중상, 중하, 하위)으로 구분한 후 사후 검증을 실시하였다. 〈표 III-9〉에 제시된 Sheffè 다중비교 분석 결과에 의하면, 모든 정보격차 영역에 대해 학업능력별 집단 간 차이가 뚜렷하게 나타났다. 특히 학업능력이 매우 높은 집단과 매우 낮은 집단 간에 나타나는 정보격차가 유의미하다는 것을 알 수 있다.

라) 정보추구욕구별 차이 검증

성이나 사회·경제적 지위와 같은 귀속적인 변인 이외에 학생 정보격차는 정보추구욕구와 같은 사회심리적인 배경변인의 영향으로 인해 나타난다는 것이 최근 연구에서 밝혀지고 있다. 본 연구에서도 정보추구욕구 변인이 학생 정보격차에 유의미한 영향을 미칠 것으로 가정하고 이에 따른 차이를 검증해보았다. 〈표 III-10〉의 분석 결과에 의하면, 정보추구욕구에 따른 학생 정보격차 점수의 차이가 $p < .001$ 수준에서 통계적으로 유의미하게 나타났다.

정보추구욕구에 따른 학생 정보격차가 구체적으로 어느 집단의 차이에 의한 것인지 확인하기 위해, 5점 척도로 응답한 정보추구욕구 평균값을 3등급으로 구분하여 Scheffè 사후 비교를 실시하였다. 〈표 III-10〉에 제시된 분석결과에 의하면, 정보추구욕구에 따른 정보격차 영역별 집단 간 차이는 $p < .001$ 수준에서 모두 유의미한 것으로 나타났다. 즉 정보추구욕구가 강한 집단과 중간 집단, 강한 집단과 낮은 집단, 중간 집단과 낮은 집단 모두에서 정보격차는 유의미한 것으로 나타났다.

<표 III-10> 정보추구욕구별 학생 정보격차 차이 검증

구 분	자승화(SS)	자유도(df)	평균자승(MS)	F	sig.	Sheffè
학생 정보격차						
집단 간	5912.831	21	281.563	18.654	.000	고*중
집단 내	12089.298	758	15.939			고*저
전 체	18002.129	779				중*저
정보 접근격차						
집단 간	6199.136	21	295.197	7.844	.000	고*중
집단 내	28525.234	758	37.632			고*저
전 체	34724.370	779				중*저
정보 이용격차						
집단 간	7932.495	21	377.738	11.757	.000	고*중
집단 내	24354.130	758	32.129			고*저
전 체	32286.625	779				중*저
정보 생산격차						
집단 간	4524.087	21	215.433	11.519	.000	고*중
집단 내	14176.014	758	18.702			고*저
전 체	18700.101	779				중*저

주: 1) p<.001 수준에서 유의미한 차이가 있는 집단만을 제시하였음.
    2) 고(4.0~5.0), 중(2.0~4.0등), 중하(4.1~5.0)

이러한 결과는 사회·경제적 지위와 학업능력, 정보추구욕구 변인이 학생들의 정보격차에 대해 강력한 설명력을 지니고 있음을 입증해주는 것이다. 또한 위계적 선형모형을 적용하여 이와 같은 학생 배경변인들을 통제한 후 순수한 학교의 영향력을 분석할 필요가 있음을 시사 주고 있다.

2) 학생 정보격차에 대한 학교 효과 분석

본 연구는 학생 정보격차를 학교 간 차이로 얼마나 설명할 수 있는지, 즉 학교 효과가 어느 정도인지를 탐색하는 데 일차적인 목적이 있다. 여기서는 설명변인인 학생 정보격차 변인의 총 변량 중에서 학교 간 변량(between-school variance)과 학교 내 변량(within-school variance)의 비율이 어떻게 구성되어 있는지를 살펴보고, 본 연구에서 설정한 학생 배경변인과 학교 수준변인의 설명변량을 산출한다. 이후 학생 배경변인 통제 후에 학교 간 변량비율이 어떻게 변화하는지를 분석하여 학교 수준의 변인으로 설명할 수 있는 최대 변량의 크기가 어느 정도인지 제시한다.

3. 학생 정보격차에 대한 학교효과 분석

가. 학생 정보격차에 대한 학교 간 변량 비율 분석

위계적 선형모형의 기본 모형(일원변량분석 모형)을 사용하여 학생 정보격차 변인에 대한 학교 간, 학교 내 변량 구성 비율을 산출할 수 있다. 〈표 III-11〉에 학생 정보격차를 종속변인으로 하여 학교 내 변량과 학교 간 변량을 산출한 결과가 제시되어 있다. 분석 결과에 의하면, 학생 정보격차 점수 변인의 학교 내 변량과 학교 간 변량은 각각 21.26과 2.13이다. 이러한 결과는 학생 정보격차 점수의 변화가 학교 수준에서 보다는 동일한 학교를 다니는 학생들 사이에서 더 많이 일어나고 있음을 의미하는 것이다.

<표 Ⅲ-11> 기본 모형 분석 결과

무선효과	변량(설명비율)	자유도	x 2	유의도
학교 간 변량	2.13(9.11%)	25	95.538	0.000***
학교 내 변량	21.26(90.89%)			

<표 Ⅲ-11>에 제시된 학생 정보격차 변인의 총 변량 중에서 학교 간 변량이 차지하는 비율은 집단 간 변량비율 계수 산출 공식을 통해 얻을 수 있다.[134] 이 공식을 적용한 결과, 학생 정보격차 총 변량에 대해 학교 간 변량은 9.11%이며 학교 내 변량은 90.89%를 차지하고 있는 것으로 나타났다.

$$\circ\ 학교간\ 변량 = \frac{var(uij)}{var(rij)+var(uij)} \times 100 =$$

$$\frac{2.13}{21.36+2.13} \times 100 = 9.11\%$$

$$\circ\ 학교내\ 변량 = 100 - 9.11 = 90.89\%$$

위의 공식을 기초로 각 정보격차 영역별 점수를 종속변인으로 하여 분석한 결과를 아래 <표 Ⅲ-12>에 제시하였다. <표 Ⅲ-12>에 의하면, 종속변인이 학생 정보 접근격차일 경우에는 학교 내 변량이 차지하는 비율이 96.20%, 학교 간 변량이 차지하는 비율이 3.80%

---

134) 이 공식은 위계적 선형모형의 일원변량분석 모형에서 얻을 수 있는 집단 간 변량비율계수(intraclass correlation) 산출 공식을 의미한다(자세한 것은 성기선 편저(1998). 전게서. pp.89~90 참조). 이 계수를 통해 2-수준의 단위집단 사이에서 발생하는 결과변인의 변량 비율을 산출할 수 있다.

로 나타났다. 정보 이용격차와 정보 생산격차의 경우 학교 내 변량이 총 변량의 각각 89.06%, 97.04%를 차지하고 있는 것으로 나타났으며, 학교 간 변량은 총 변량의 10.94%, 2.96%를 차지하고 있는 것으로 나타났다.

  학생 정보격차 하위 영역별 점수에 대한 학교 내 변량 비율과 학교 간 변량 비율이 차이가 있는지 x^2 검증한 결과, $p<.01$ 수준에서 모두 통계적으로 유의미한 차이가 있음을 알 수 있다. 이러한 결과는 학교별로 정보격차 영역별 평균 점수가 의미 있게 차이가 나고 있으며, 전체 평균을 추정하는데 본 연구에서 사용하는 각 학교의 표집 평균이 신뢰롭다는 것을 의미한다.

<표 III-12> 학생 정보격차 영역별 변량 구성 비율

구 분	정보 접근격차	정보 이용격차	정보 생산격차
총 변량	44.73	42.08	24.01
학교 내 변량	43.03(96.20%)	37.93(89.06%)	23.30(97.04%)
학교 간 변량	1.70(3.80%)	4.15(10.94%)	0.71(2.96%)
x^2	54.599***	99.695***	48.543**

** $p<.01$ *** $p<.001$

  그런데 학생 정보격차에 대한 학교 간 변량 비율이 총 변량의 3.8~10.9%에 해당한다는 것은, 학생 정보격차에 대한 학교 효과의 크기를 산출한 연구가 없기 때문에 직접적인 크기를 비교하여 그 의미를 도출하기에는 어려움이 있다. 따라서 학업성취도와 대학 효과성을 설명변인으로 하여 학교효과를 분석한 연구에서 나타난 결과와 비교하여 본 연구 결과의 의미를 간접적으로 추론하는 방식을 택하기로 한다.

우리나라 인문계 고등학교의 학교효과를 분석한 성기선의 연구결과에 의하면, 학생 배경변인을 통제하기 전 고등학생들의 학업성취도 변화에 미치는 학교 간 변량 비율은 32.37%로 나타났다.[135] 안영후의 연구에서는 중학교 학생들의 학업성취도에 대한 학교 간 변량비율이 29.27%로 나타났다.[136] 인지적·정의적인 측면을 모두 고려한 대학 효과성에 대한 기관 수준의 영향력을 검증한 서민원의 연구에서는, 설명변인에 대한 대학 수준 변인의 설명량이 7~15% 정도인 것으로 나타났다.[137] 미국의 경우, 학교 효과 연구의 효시라고 할 수 있는 콜맨보고서(Coleman Report)에서는 학교 간 변량비율이 10~15%라고 하였으며,[138] 리(Lee)는 학업성취도 변인에 대한 학교 간 변량비율이 25~30% 정도로 나타난다고 하였다.[139]

이상의 연구결과와 비교해보면, 학생 정보격차에 대한 학교 간 설명 변량 비율은 학업성취도나 대학 효과성에 대한 학교 간 변량 비율의 절반 수준에 해당한다고 할 수 있다. 이는 학생 정보격차가 학교 수준에서도 존재하고 있지만 동일한 학교를 다니는 학생들 사이에서 더 많이 나타나고 있음을 보여주는 것이다. 이를 통해 우리나라 중학교의 경우, 학생 정보격차에 대해서는 학교 간에 의미 있는 차이를 보이지 않는다고 결론내릴 수 있다.

---

135) 성기선(1997). 전게논문. p.70.
136) 안영후(2000). 전게논문. p.110.
137) 서민원(1996). 전게논문. p.197.
138) Coleman, J. et al. (1966). *op. cit.*
139) Lee, V. E.(2000). *op. cit.* p.128.

나. 학생 정보격차에 대한 독립변인의 설명량 분석

위계적 선형모형의 2단계 모형(중간모형)과 3단계 모형(연구모형)을 통해 각 수준별 독립변인의 설명량을 정보격차 영역별로 제시하면 다음 〈표 Ⅲ-13〉과 같다. 분석결과에 의하면, 학생 정보격차의 경우, 〈표 Ⅲ-12〉에 제시된 학교 내 설명변량인 90.89% 중에서 학생 수준 독립변인들이 투입되었을 때 설명할 수 있는 양이 37.25%로 나타났다. 정보 접근격차의 경우에는 19.08%, 정보 이용격차의 경우는 26.52%, 정보 생산격차의 경우는 25.58% 정도로 나타났다. 이러한 결과는 본 연구에서 설정한 학생 배경변인 이외에 학생 정보격차에 영향을 미치는 학생 수준 변인들을 더 탐색해야 할 필요가 있음을 의미한다.

〈표 Ⅲ-13〉 독립변인의 설명량 분석

구 분	학생 정보격차	정보 접근격차	정보 이용격차	정보 생산격차
학교 내 (학생 수준)변량	90.89	96.20	89.06	97.04
독립변인 설명량(%)	37.25	19.08	26.52	25.58
학교 간 (학교 수준)변량	9.11	3.80	10.94	2.96
독립변인 설명량(%)	75.59	71.18	53.73	94.37

다음으로 학생 정보격차 총 변량에 대해본 연구에서 사용한 학교

수준 독립변인의 설명량을 산출한 결과를 제시한다. 〈표 III-13〉에 제시된 분석결과에 의하면, 학생 정보격차의 경우 학교 간 설명 변량의 9.11%를 설명할 수 있는 학교 수준 독립변인의 설명량이 75.59%로 나타났다. 정보 접근격차의 경우에는 71.18%, 정보 이용격차의 경우에는 53.73%, 정보 생산격차의 경우에는 94.37% 정도를 학교 수준 독립변인으로 설명할 수 있는 것으로 나타나 각 정보격차 영역별로 학교특성변인의 설명력은 53~94% 정도에 해당한다고 할 수 있다.

이상의 결과는 학생 정보격차에 대한 학생 수준의 독립변인들의 설명량에 비해 학교 수준 독립변인들의 설명력이 매우 높다는 것을 보여주고 있다. 즉 학교 수준의 독립변인은 각 정보격차 영역의 조정된 학교평균치[140]에 대해 많은 부분을 설명해주고 있으며, 이후 학생 배경변인을 통제한 후 학생 정보격차에 영향을 미치는 학교 수준의 변인은 무엇이며 각 변인들의 상대적인 영향력의 크기와 방향이 어떠한지에 대해 보다 분석적으로 접근할 필요가 있음을 시사해준다.

다. 학생 배경변인 통제 후 학교 간 변량 비율 변화

〈표 III-12〉을 통해 학생 정보격차 변인의 총 변량에 대해 학교 간 변량이 차지하는 비율이 어느 정도인지 분석해보았다. 다음은

[140) 위계적 선형모형에서는 학생 수준 모형에서 제시된 절편 값이 학생 수준 변인들을 통제한 후 학교별 평균 점수 수준을 의미 있게 하기 위해 각 배경변인들의 점수를 새로운 기준값을 중심으로 재조정(centering)하는 방법을 사용한다. 따라서 이후 분석결과에서 제시되는 절편 값(정보격차 영역별 평균 점수)에 대한 수준별 독립변인의 회귀계수 추정치는 각 수준의 독립변인과 조정된 학교평균치와의 관계를 의미한다.

학생 정보격차에 유의미한 영향을 미치고 있는 학생 배경변인(성, 학업능력, 사회·경제적 지위, 정보추구욕구)의 학교 간 차이를 통제한 후에, 학교 간 변량 비율이 어떻게 변화하는지 살펴봄으로써 본 연구에서 설정한 학교 특성 변인으로 설명할 수 있는 최대 변량의 크기가 어느 정도인지 제시하고자 한다.

〈표 Ⅲ-14〉에 학생 배경변인을 통제한 후 각 정보격차 영역별 학교 간 변량비율이 어떻게 변화하는지를 제시하였다. 분석결과에 의하면, 학생 배경변인의 학교 간 차이를 통제한 후 학생 정보격차 변인에 대한 학교 간 변량은 1.40으로 나타났다. 즉 학생 배경변인을 통제하면 학생 정보격차 총 변량에 대한 학교 간 변량이 9.11%에서 4.66%로 줄어들게 된다.

〈표 Ⅲ-14〉 학생 배경변인 통제 후 학생 정보격차 변량 구성 비율

구 분	학생 정보격차	정보 접근격차	정보 이용격차	정보 생산격차
총 변량	23.39	44.73	42.08	24.01
학교 내 변량	21.26	43.03	37.93	23.30
(%)	(90.89%)	(96.20%)	(89.06%)	(97.04%)
학교 간 변량	2.13	1.70	4.15	0.71
(%)	(9.11%)	(3.80%)	(10.94%)	(2.96%)
배경변인통제 후 학교 간 변량(%)	1.09 (4.66%)	0.34 (0.76%)	2.86 (6.79%)	0.19 (0.79%)

학생 배경변인 통제 후 학교 간 변량 비율을 정보격차 영역별로 분석한 결과를 제시하면 다음과 같다. 학생 정보 접근격차와 정보 생산격차의 경우, 학생 배경변인을 통제하기 전 학교 간 변량 비율이 각각 3.80%와 2.96%로 매우 작았기 때문에 학생 배경변인을 통

제한 후의 변량은 학교 간 차이를 설명하는 것이 무의미할 정도로 그 크기가 줄어들었다. 이는 학생 정보 접근격차와 정보 생산격차에 대해 학교 효과가 발생할 수 있는 가능성이 그만큼 적다는 것을 의미하며, 학교 특성 변인으로 설명할 수 있는 가능성 역시 크지 않다는 것을 보여주는 것이다. 학생 정보 이용격차의 경우 학생 배경변인을 통제한 후 학교 간 변량은 2.86으로 총 변량의 6.79%를 설명하는 것으로 나타났다. 이상의 결과는 학교 수준의 변인으로 학생 정보격차를 설명할 수 있는 최대 변량의 크기가 총 변량의 0.76~6.79%라는 것을 보여주는 것이며, 학생 정보격차에 대한 학교 간 차이가 학교 수준에서보다는 동일한 학교를 다니는 학생들 사이에서 더 많이 나타나고 있음을 의미한다.

지금까지 제시한 분석결과를 종합해보면, 학생 정보격차에 대한 학교 효과가 존재한다는 것을 부분적으로 확인할 수 있으나, 학교 간 차이로 설명할 수 있는 변량은 그다지 크지 않음을 알 수 있다. 따라서 학생 정보격차에 대한 학교 효과는, 학교 간 차이보다는 학교 내의 차이, 즉 학교에 투입된 시설 자원을 활용하는 학교 내 과정(過程)의 차이가 더 크게 나타난다고 할 수 있다.

3) 학생 정보격차에 대한 가산적 학교효과 분석

여기서는 학생 배경변인 통제 후 학생 정보격차의 학교 간 차이를 설명할 수 있는 학교 특성변인들의 구체적인 효과에 대한 경험적 분석 결과를 제시한다. 〈표 III-15〉에 학생 정보격차에 미치는 가산적 학교 효과[141]를 분석한 결과가 제시되어 있다. 여기서 설명

---

141) 가산적(additive) 학교 효과는 학생들의 배경변인을 통제한 후에 학교별

변인인 학생 정보격차는 정보 접근격차, 정보 이용격차 그리고 정보 생산격차의 세 영역을 합산한 점수이다. 아래 표에 제시된 절편값(학교 평균 정보격차)은 학생 배경변인과 학교 특성 변인들의 영향력을 통제한 이후에 기대할 수 있는 학교별 평균 정보화 수준을 의미한다. 학생 배경변인 통제 후 학교 간 정보격차에 미치는 학교 특성 변인들의 독립적인 영향력 및 유의도 수준은 각 변인별 회귀계수 및 t-비율을 통해 검증할 수 있다.

본 연구에서는 외부환경, 정보화 지원환경, 정보화 풍토, 수업경험의 네 가지 영역으로 학교 특성 변인을 구분하고 총 15개 하위변인을 설정하여 학생 정보격차와의 관련성을 분석하였다. 학생 배경변인을 통제한 후에 위의 네 가지 학교 특성 변인군 중 학교 간 정보격차에 유의미한 효과를 보이는 학교 특성 변인은 설립유형(국·공립), 학교의 사회·경제적 지위평균, 홈페이지 활용, 시설지원 환경 및 컴퓨터 수업경험 변인으로 나타났다. 유의도 수준이 t>1.5로 낮기는 하지만 교사의 기기활용 능력, 학교의 교사 지원노력, ICT 수업과정 경험 변인도 학교 간 정보격차에 유의미한 효과를 보이는 것으로 나타났다. 학교소재지나 인력지원환경, 활용지원환경, 학교의 정보화 운영방침, 학교장의 지도성, 동료교사들의 열의, ICT 수업방법 경험 변인들의 효과는 나타나지 않았다. 이러한 결과를 외부환경 변인, 정보화지원환경 변인, 정보화 풍토 변인 및 수업경험 변인의 순으로 제시하면 다음과 같다.

로 예상되는 평균 정보화 수준에 영향을 미치는 학교 특성 변인들의 효과를 의미한다. 따라서 가산적 효과 분석에서는 동일한 배경을 가진 학생이라면 다니고 있는 학교 특성에 따른 효과도 동일하게 받을 것이라고 가정한다.

〈표 III-15〉 학생 배경변인 통제 후 학생 정보격차에 대한
가산적 학교 효과

고정효과(fixed) 변인명	계수	표준오차(t-비율)	
학교 수준			
절편(학교평균 정보격차)	78.812	0.186	(428.856)	***
외부환경			
설립유형(국공립)	-1.662	0.525	(-3.164)	***
학교소재지(도시)	-0.157	1.075	(-0.146)	
사회·경제적 지위평균	1.356	0.610	(2.223)	**
정보화지원환경			
인력지원	0.258	0.147	(1.251)	
시설지원	0.518	0.184	(2.810)	**
활용지원	-0.054	0.171	(-0.321)	
정보화풍토			
홈페이지활용	0.828	0.284	(2.913)	**
정보화운영방침	-0.380	0.407	(-0.934)	
학교장지도성	-0.148	0.489	(-0.304)	
교사기기활용능력	-1.175	0.641	(-1.833)	*
동료교사 열의	-1.181	1.557	(-1.400)	
교사지원노력	1.873	1.090	(1.719)	*
수업경험			
컴퓨터수업	1.644	0.717	(2.290)	**
ICT수업 과정	-2.058	1.185	(-1.737)	*
ICT수업 방법	1.926	1.587	(1.213)	
학생 수준			
절편(학생평균 정보격차)	79.727	-	-	
성(남학생)	-0.094	0.380	(-0.248)	
사회·경제적 지위	0.369	0.096	(3.815)	***
학업능력	1.302	0.199	(6.543)	***
정보추구욕구	2.777	0.236	(11.743)	***

* t>1.5   ** t>2.0   *** t>3.0

4. 학생 정보격차에 대한 가산적 학교효과 분석

가. 외부환경 변인의 효과

학교 외부환경 변인으로 설정한 변인들 중에서 설립유형(국·공립) 변인과 학교의 사회·경제적 지위평균 변인이 학교별 평균 정보격차에 유의미한 영향을 미치는 것으로 나타났다. 먼저, 설립유형 변인의 효과계수는 -1.662로 나타나 사립학교가 국·공립학교에 비해 다른 모든 조건이 동일할 경우 평균 정보화 수준이 약 1.7점 정도 높다는 것을 보여주고 있으며, 이는 통계적으로도 유의미한 것으로 나타났다($t \rangle 3.0$).[142] 학생 정보격차 하위 영역별로 설립유형 변인의 효과에 대해 분석한 결과, 이 변인의 효과는 학교 간 정보이용격차와 정보 생산격차 영역에 대해 유의미한 것으로 나타났다. 특히 정보 이용격차에 대한 학교 설립유형 변인의 효과가 정보 생산격차에 비해 높은 것으로 나타나고 있었다(효과계수 -2.807, $t \rangle 2.0$). 이러한 결과를 통해 학생 정보격차에 대한 설립유형 변인의 효과는 정보이용 및 정보생산 활동에 대한 국·공립학교와 사립학교의 차이에 기인하고 있음을 알 수 있다.

그렇다면, 국·공립학교와 사립학교 간에 정보이용 및 정보 생산격차가 나타나는 이유는 무엇인가? 미국의 경우 학교 내 정보화 자원 확보 측면에서 설립유형별 차이가 극명하게 드러난다는 연구결과가 제

---

142) 본 연구에서 사용하고 있는 정보격차 점수는 학교 간 상대적인 정보격차를 비교하기 위해 산출된 것이므로 학교 간 정보격차 점수 차이가 1.66점 정도라는 것에 실제적인 의미를 부여하기는 어렵다.

시되고 있다.[143] 정부 주도로 각급 학교에 정보화 시설을 지원하는 우리나라와 달리, 미국은 학교의 경제적인 지위에 따른 정보화 시설 여건의 차이가 매우 큰 것으로 알려져 있다. 예컨대, 학교 인터넷 접속 속도나 최신 컴퓨터 기종을 보유할 수 있는 부유한 사립학교는 공립학교에 비해 정보화 시설에 대한 접근에서부터 매우 유리한 위치에 있고, 이러한 정보기기에의 접근 차이는 학교 구성원들의 정보 활용 차이로 이어진다는 것이다.

그러나 우리의 경우 학교설립유형별로 학교 정보화 시설 여건에 대한 차이가 있다는 결과는 보고 되지 않고 있다. 본 연구에서도 정보 접근격차에 대한 설립유형 변인의 효과는 없는 것으로 나타났다. 그러므로 우리 사회에서 정보격차에 대한 설립유형 변인의 효과가 나타나는 것은 주어진 시설 자원을 이용하는 학교 내부의 과정에 차이가 있기 때문이라고 볼 수 있다. 최근 수행된 한국교육학술정보원의 연구에서도 초·중등학교의 설립유형별로 정보 활용 및 성과에 차이가 있는 것으로 나타나 이와 같은 해석의 타당성을 높여주고 있다.[144] 요컨대, 학교에 보급된 시설 자원을 보다 적극적으로 활용하고자 노력하는 사립학교의 운영 특성으로 인해 국·공립학교에 비해 정보이용 및 정보생산 수준이 높게 나타나고 있음을 확인할 수 있다.

학교의 사회·경제적 지위평균 변인도 학교 간 정보격차에 유의미한 효과를 보이는 것으로 나타났다(효과계수 1.356, t>2.0). 학생 정보격차의 하위 영역별로 사회·경제적 지위평균 변인의 효과를

---

143) Warschauer, M.(2001). *op. cit.*
144) 교육인적자원부·한국교육학술정보원(2001c). 전게서. pp.150~165.

분석해보면, 이 변인의 효과는 학교 간 정보 접근격차에 대해 유의미한 것으로 나타나고 있다(효과계수 2.323, t>2.0). 즉 다른 모든 조건이 동일한 경우 평균적으로 사회·경제적 지위가 높은 학생들로 구성된 학교에 다니는 학생들은 정보기기에의 접근 기회가 그렇지 못한 학교에 비해 더 높다는 것이다.

학교의 사회·경제적 지위는 정보화 시설 환경 및 학교 운영의 차이에 영향을 미치는 요인으로 알려져 있다.[145] 벡커나 와스챠우어는 인터넷 접속이 가능한 학교 내 최신 기기 보유, 재정 지원 등 물리적인 정보화 지원 환경뿐 아니라 상호작용적 수업, 학교구성원들 간의 사회심리적 상호작용 과정, 정보통신기술활용을 위한 신축성 있는 조직 운영 등 전반적인 학교 운영 과정에 있어서도 학교의 사회·경제적 지위가 영향을 미치고 있다고 하였다. 다시 말해 학교의 사회·경제적 지위 차이는 학교의 정보화 시설 환경 지원 능력 및 이를 활용하는 학교의 운영 방식에 차이를 가져오고, 이로 인해 학교의 정보통신기술활용 정도가 달라지므로 학교 간 격차를 유발시킨다는 것이다.

그러나 이와 같은 관점을 본 연구결과에 적용하기에는 다소 어려운 측면이 있다. 본 연구에 사용된 표집학교를 대상으로 분석한 결과에 의하면, 사회·경제적 지위에 따라 정보화 시설 측면에서 학교 간 차이는 나타나지 않았다. 다시 말해 사회·경제적 지위가 높은 학교일수록 정보화 시설 및 여건이 좋기 때문에 그렇지 못한 학교와 정보 접근격차를 보인다고 할 수는 없다는 것이다. 그러므로 학교의 사회·경제적 지위에 따라 정보 접근격차가 유의미하게 나

---

145) Becker, H. J. (2000). *op. cit*; Warschauer, M. (2001). *op. cit*.

타나는 현상은 학생 수준에서 수집된 자료를 학교 수준의 자료로 통합했을 때 보이는 이른바 '학생구성 특성 효과'와 관련지어 해석하는 것이 보다 타당하다. 즉 사회·경제적배경이 좋은 학생들과 그렇지 못한 학생들의 정보접근에 대한 환경 차이가 학교 간 정보 접근격차로 나타날 수 있다는 것이다.

그러나 학생 구성특성 효과는 학교 내부에서 일어나는 사회적 과정에 대한 정확한 측정을 어렵게 할 수 있어 학교 과정 변인의 중요성을 간과한다는 비판을 받고 있다.[146] 본 연구에서도 학교의 사회·경제적 지위에 따른 정보 접근격차가 학생들의 구성 특성의 차이로 인해 나타난다는 것은 부분적으로 밝히고 있으나 학교 내 정보 접근격차와 관련된 다양한 변인들의 영향을 통제하지 못함으로 인해 사회·경제적 지위평균 변인의 효과가 크게 나타나는 한계를 지니게 되었다.

학교 외부환경 변인 중에서 학교소재지 변인은 학교 간 정보격차에 대해 유의미한 효과를 보이지 않고 있다. 즉 도시 지역의 학교와 다른 지역의 학교 간에는 정보접근이나 이용, 생산수준의 차이가 없는 것으로 나타났다. 따라서 다른 모든 조건이 동일하다면 학교소재지 변인은 학생 정보격차에 대해 유의미한 영향력을 발휘하지 못한다고 결론내릴 수 있다.

나. 정보화 지원환경 변인의 효과

본 연구에서는 정보화 지원환경 변인을 시설지원, 인력지원, 활용

---

146) 성기선(1997). 전게논문. pp.79~81.

지원 환경으로 나누어 학생 정보격차에 미치는 영향을 분석하였다. 〈표 III-15〉의 분석결과에 의하면, 본 연구에서 설정한 3개의 정보화 지원환경 변인 중에서 시설지원 변인만이 학교 간 정보격차에 유의미한 효과를 보이고 있다(효과계수 0.518, t>2.0). 시설변인의 효과는 학교 간 정보 접근격차와 정보 이용격차에 대해 유의미한 것으로 나타나고 있다. 이를테면, 학생과 교사 1인당 PC수가 많고, 인터넷 연결 PC 비율이 높으며, 인터넷 회선 속도가 빠른 학교에 다니는 학생들은 정보기기에의 접근 기회가 많이 제공되고 있다고 인식하며 정보이용 수준 또한 높은 경향을 보이고 있다.

본 연구에 사용된 시설지원 변인은 학생들의 인터넷 접속을 보다 좋게 하려는 단위학교의 의지에 따라 큰 차이를 보일 수 있는 영역으로 구성된 것이다. 그러므로 정보 활용에 강한 의지를 보이는 학교일수록 학교 내 시설 환경을 개선시키고자 노력하고 있으며, 학교의 의지에 따라 학교 간 정보접근 및 정보 이용격차가 나타나게 된다고 볼 수 있다. 또한 정보화 시설 환경에 따른 차이가 학교 간 정보 이용격차에도 유의미한 영향을 미치는 것으로 나타나 정보기기에 대한 접근격차가 정보 이용격차로 이어지고 있음을 확인할 수 있다.

학교 정보화 지원환경 변인 중 인력지원환경 변인과 활용지원변인은 학생 정보 접근격차에 영향을 미치지는 않는 것으로 나타났다. 인력지원 환경은 학교장의 정보화 연수시간이나 교육정보화 관련예산, 교육정보부 소속 교사비율로 측정하였으며, 활용지원 변인은 컴퓨터실 활용 정도, 컴퓨터 과목 선택 여부, 정보화자율과정 수, 총정보이용실수로 측정하였다. 이러한 변인들의 효과가 나타나지 않은 것은 시설지원 환경과 달리 대부분의 학교가 동질적인 환경을 가지고 있기 때문이라고 할 수 있다. 요컨대, 시설지원 환경은 학교 간 정보접근 및 정보 이용격차에 유의미한 효과를 보이고 있으나, 이를 제외한 다른 정보화지원 환경 변인들은 의미 있는 효과를 보이지 않는다고 결론내릴 수 있다.

다. 정보화 풍토 변인의 효과

학교는 물리적인 정보화 환경뿐 아니라 교육과정과 정보기술의 통합, 상호작용적 수업, 교사의 태도, 지도자의 비전, 교사에 대한 지원 등 학교 내에서 정보통신기술을 활용하면서 형성되는 심리적이고 과정적인 정보화 환경도 지니고 있다. 본 연구에서는 이러한 심리·과정적 정보화 환경을 학교 정보화 풍토로 개념화하고 6개의 변인을 사용하여 학생 정보격차에 미치는 효과를 검증해보고자 하였다.

〈표 III-15〉에 제시된 분석결과를 통해 학교 간 정보격차에 대해 정보화 풍토 변인의 효과가 존재하고 있음을 확인할 수 있다. 정보화 풍토 영역에 포함된 변인들 중에서 가장 유의미한 효과를 보이는 변인은 학교 홈페이지 활용 변인으로 나타났다(효과계수 0.828, t>2.0). 유의도 수준이 낮기는 하지만(t>1.5) 교사 기기활용능력 변인과 교사지원 노력 변인의 효과도 나타나고 있다. 정보격차 하위 영역별 분석에 의하면, 학교 홈페이지 변인의 효과는 학교 간 정보 접근격차와 정보 이용격차에 대해 유의미한 것으로 나타났으며, 교사의 기기활용능력 변인은 정보 접근격차 및 정보 생산격차에 대해 효과를 보이는 것으로 나타났다. 교사 지원노력 변인의 효과는 정보 생산격차에 대해서만 유의미한 것으로 나타났다. 예컨대, 교사들 스스로 학교 홈페이지를 ICT 수업이나 학교 구성원 간의 정보공유, 학부모들과의 상담 등에 활용하며 교사들의 ICT 활용을 지원하려 는 노력을 보이는 등 적극적인 정보화 풍토가 조성되어 있다고 지 각하는 학교일수록 그렇지 못한 학교에 비해 전반적인 정보화 수준 이 높은 경향을 보이고 있다.

그런데 정보화 풍토 변인군 중에서 교사들의 기기활용능력 변인 은 학생들의 정보접근기회를 오히려 낮추고 있는 것으로 나타났다 (효과계수 -1.433, 유의도 $t>1.5$). 본 연구에 사용된 교사의 기기활 용능력 변인은 컴퓨터 운영체제 및 기본 프로그램, 정보검색, 홈페 이지 제작 등 총 10개의 컴퓨터 프로그램 활용에 대해 교사들이 스 스로 자신의 활용 능력 정도를 평가한 값이다. 이 변인의 기술 통 계치를 보면, 평균이 2.74이고 표준편차는 0.45로 나타나 대부분의 교사들이 자신들의 정보기기활용 능력을 다소 낮게 평가하고 있음 을 알 수 있다. 이와 같이 교사 자신의 기기활용능력에 대한 낮은 평가가 학생들의 정보접근 및 정보생산 활동에의 참여를 낮추는 현 상은 우리 사회에서 학교 정보화를 추진하면서 교사들이 겪는 고충 이 반영되는 과정을 통해 이해할 수 있을 것이다.

한국교육학술정보원의 연구결과에 의하면, 교사들은 교육정보화 를 추진하면서 업무에 대한 부담이 과중되었고, 정보통신기기 활용 에 대한 스트레스를 받고 있으며, 스스로의 필요에 의해서가 아니 라 외부의 압력에 의해 어쩔 수 없이 컴퓨터를 활용해야 하는 환경 에 처해 있는 것으로 나타났다.[147] 교사들이 느끼는 이러한 부담과

---

147) 한국교육학술정보원(2001). 전게서. pp.73~74.

스트레스는 실제 교수-학습에서 교사들의 정보통신기술을 활용하는 저해 요인으로 작용하고 있으며, 정보통신기기가 학교에 도입된 이후 교사와 학생들의 인식 격차가 더 심해졌다는 반응도 크게 나타났다. 또한 이 연구에서는 정보 활용기술이 미숙한 교사들의 경우에는 환경에 적응하지 못하며 학생들의 기대에 미치지 못해 학생들과의 괴리도 심해지는 고충을 겪고 있다고 지적하고 있다. 결국 정보기기 조작에 서툴고 프로그램 활용 능력에 대한 교사들의 낮은 인식은 교사들이 ICT 수업을 하지 않게 하는 동인(動因)으로 작용하게 되고, 이는 학생들이 수업을 통해 제공받을 수 있는 다양한 정보 활용에의 참여 기회를 제약함으로서 정보화 수준을 낮추는 결과로 나타나고 있다.

다음으로 정보화 풍토 변인 중에서 교사 지원노력 변인은 정보 생산격차에 대해 유의미한 효과를 보이고 있다. 이를테면 교사들의 ICT 활용을 적극적으로 지원해주는 노력을 보이는 학교에 다니게 되면 다른 모든 조건이 동일한 경우 정보생산수준이 높아질 수 있다는 것이다. 교사지원노력 변인의 영향이 정보 접근격차나 정보 이용격차에서는 나타나지 않았던 것은, 정보 생산격차의 특성상 물리적 시설 환경보다는 정보화 풍토와 같이 학교 내 사회심리적 과정의 영향을 더 많이 받기 때문인 것으로 보인다. 예컨대, 정보화 시설 환경을 고도화함으로써 학생들의 정보접근 및 이용기회를 더 많이 제공해줄 수는 있지만, 보다 궁극적으로 학생들이 정보생산 활동에 참여하는 것은 학교 구성원들이 적극적으로 ICT를 활용할 수 있도록 지원하는 학교 풍토가 조성되어 있을 때 가능하다는 것이다.

본 연구에서 사용한 교사지원노력 변인은 ICT 활용수업에 필요한 기기나 자료구입, 정보기술활용능력 신장을 위한 연수 기회제공, ICT 수업을 위한 교실 환경 조성, 학교 홈페이지를 통한 수업운영 지원 등에 대해 학교가 어느 정도 지원하고자 노력하고 있는지를 교사들의 인식을 통해 측정한 것이다. 교사들이 ICT 수업을 하지 않는 이유의 대부분이 유용한 자료를 찾는 데 많은 시간이 소요된다거나 교수-학습자료와 ICT 활용 관련 지식이 부족하다는 문제뿐 아니라 네트워크와 컴퓨터의 성능이 떨어지는 시설적 측면의 문제도 큰 것으로 지적되고 있다.[148] 따라서 교사들이 ICT 활용에서 느끼는 문제에 대해 보다 적극적으로 해결해주고자 하는 학교의 지원 노력은 교사들로 하여금 수업에 ICT를 활용하는 비중을 높여 학생들로 하여금 보다 활발한 정보생산 활동에 참여할 수 있도록 하는 요인으로 작용하고 있음을 알 수 있다.

정보화 풍토변인으로 설정했던 정보화 운영방침, 학교장의 지도성 변인이 학생 정보격차에 미치는 효과는 없는 것으로 나타났다. 본 연구에서는 학교 정보화 운영방침 변인을 학교의 정보화 추진 목표와 실천 전략이 구체적으로 학교 운영계획서에 제시되어 있으며, 학교 정보화 예산을 우선적으로 배정하고, 학교 정보화에 대해 교사들의 의견을 존중하여 잘 반영하는 등 학교 정보화 운영의 적극성으로 측정하고 있다. 학교장의 지도성 변인은 학교장이 ICT 활용에 보이는 모범 및 학교 정보화와 관련된 학교 운영방식으로 측정하였다. 이러한 변인들이 학생들의 정보화 수준을 높이는 데 영향을 미치지 못하는 것으로 나타난 이유는, 학교의 정보화 운영 방침이나 학교장의 정보화 지도성의 의미를 매우 한정적으로 사용하

---

148) 이옥화(2002). 전게논문.

여 이를 측정하는 문항에 다양한 하위 요소를 포괄하지 못하고 있기 때문이다.

학교의 정보화 운영방침이나 학교장의 지도성 변인이 학생들의 정보화 수준을 높이는 데 효과를 보이지 않는 또 다른 이유는, 현재 단위학교에서 수립하고 있는 정보화 운영방침이나 학교장이 보이는 지도성에 대해 학교 간 질적인 차이가 거의 없기 때문인 것으로 보인다. 이를테면, 정부의 학교 정보화 정책에 대한 투입과 각종 지원에도 불구하고 일부 정보화 시범학교나 적극적인 의지를 보이는 몇몇 학교를 제외하고는 정보화 운영에 관한 한 학교 간에 큰 차이가 없는 동질적인 현상을 보이고 있다는 것이다. 학교정보화 정책 시행 이후 학교장의 지도성이나 단위학교의 정보화 운영방침의 중요성이 보다 강조되는 시점이므로, 이에 대한 개념과 하위 요소를 보다 심층적으로 분석함으로써 학생 정보격차와의 관련성에 대한 설명력을 높여 나가야 할 것이다.

요컨대, 이상의 분석결과를 통해 학교 정보화 풍토 변인이 학생들의 정보화 수준 및 학교 간 정보격차에 미치는 효과는 존재하고 있다고 결론내릴 수 있다. 다만 본 연구를 통해 밝히지 못했던 학교장의 지도성이나 학교 정보화 운영방침의 개념 및 하위 요소에 대한 구체적인 분석은 후속 연구를 통해 보완되어야 할 것이다.

라. 수업경험 변인의 효과

1997년 학교정보화 정책이 시행되면서 본격적으로 정보통신기술(ICT)을 활용한 수업이 시작되었다. 학교 컴퓨터 수업과 ICT 수업은 학생들이 가장 직접적으로 정보통신기술을 활용한 교육을 접할 수 있는 경험을 제공해준다. 현재 컴퓨터 관련 교과과정은 연간 102시간 이상 정보통신기술교육을 실시해야 한다는 규정에 따라 컴퓨터 수업이나 기술·가정수업을 통해 이루어지고 있으며, 7차 교육과정에서는 일반교과에서도 20% 이상 ICT를 활용할 것을 권장하고 있다. 특히 일반교과에서 이루어지는 ICT 활용 수업을 통해 학생들은 정보화 사회가 요구하는 창의적이고 자기 주도적이며 문제해결 능력을 지닐 수 있을 것으로 기대하고 있다.

그러나 독립교과로 운영되며 동일한 내용과 환경을 통해 진행되는 컴퓨터 수업과 달리, ICT를 활용한 수업은 일반 교과에 정보통신기술을 융합시키는 형태를 의미하므로 이의 실시 여부는 전적으로 담당 교사의 재량권에 속하게 되어 교과의 주제나 교사 특성에 따라 매우 다양한 방식으로 진행된다. 또한 ICT 활용 수업이란 교사가 프로젝션 TV를 통해 강의 내용을 보여주며 일방적으로 진행하는 방법에서부터 학생들이 직접 정보기기를 조작해보면서 참여하는 방법, 학생들이 정보를 검색하여 발표하면서 이루어지는 수업 방법, 홈페이지를 활용한 방법 등을 모두 지칭하는 수업을 의미하기 때문에, 교사가 어떠한 방법을 활용하느냐에 따라 수업의 질과 학생들의 정보 활용 경험은 매우 달라질 것으로 예상할 수 있다. 이에 따라 학생들이 경험하는 수업의 내용과 방법 차이는 학교 간에도 발생할 수 있으며 동일한 학교 내에서도 교과목과 교사에 따라 상이하게 나타날 수 있다. 본 연구에서는 학교 컴퓨터 수업에 대한 경험과 ICT 수업에 대한 경험이 학교 간에 상이한 차이를 보일 것으로 가정하고 학생들의 정보격차와 어떠한 관련을 맺고 있는지 분석해보았다.

수업경험 변인들 중에서 학교 컴퓨터 수업 변인과 ICT 수업과정 변인이 학생 정보격차에 유의미한 영향을 미치는 것으로 나타났다. ICT 수업방법 변인은 전반적인 학생 정보격차에는 영향을 미치지 않는 것으로 나타났으나, 정보 이용격차 및 정보 생산격차에 유의미한 효과를 보이는 것으로 나타났다. 각 변인들의 효과가 갖는 의미를 보다 구체적으로 제시하면 다음과 같다.

컴퓨터 수업 변인은 정보 접근격차(2.596) 및 정보 생산격차(1.412) 영역에 대해 t〉2.0 수준에서 유의미한 효과를 보이는 것으로 나타났다. 본 연구에서는 컴퓨터 수업 변인을 학생들의 컴퓨터 교과 내용만족도 및 실습환경 만족도를 측정한 값으로 사용하고 있다. 그러므로 컴퓨터 수업을 통해 배우는 내용에 대한 만족도가 높고 컴퓨터 실습환경에 대한 만족도가 높은 학교일수록 그렇지 못한 학교에 비해 학생들의 정보접근기회와 정보생산 활동에의 참여도는 높은 경향을 보인다고 할 수 있다. 컴퓨터 수업의 효과는 학생들의 정보생산 활동참여 영역에서도 유의미한 것으로 나타나 컴퓨터 수업을 유의미하게 활용한다면, 단순한 정보통신을 이용 기술을 처리하는 능력뿐 아니라 문제해결력과 창의력을 습득하는 통합된 정보화 교육에도 기여할 수 있음을 시사해주고 있다.[149]

컴퓨터 수업 변인의 효과를 분석한 결과와는 달리, ICT 수업 과정에 대한 경험은 학생들의 정보화 수준을 높이는 데 부적인 영향을 미치는 것으로 나타났다(-2.058). ICT 수업과정 변인은 정보 이용격

---

149) 박판우·이근진(2000). '컴퓨터 교육의 효율적인 교수-학습전략 제시를 위한 실태연구'. 대구교육대학교. 초등교육연구논총 15. pp.145~158.

차(-4.646) 및 정보 생산격차(-2.027) 영역에 대해서도 부적인 영향을 미치는 것으로 나타났다. 이러한 현상은 다음과 같이 해석할 수 있다. 학생들은 ICT 수업 자체에 대해서는 흥미롭고 재미있으며 학교 수업에 대한 참여도를 높여주고 있다고 평가하고 있다. 그러나 ICT 수업에 대해 긍정적으로 평가하고 있다고 해서 이것이 곧바로 정보이용능력 및 정보생산 활동 참여를 높이는 결과로 이어진다고 볼 수 없다는 것이다. 이는 ICT 활용 수업이 매우 제한적으로 이루어지고 있는 우리 현실을 부분적으로 반영한 결과이기도 하다.

한국전산원의 연구결과에 의하면 중학생 중 ICT 수업을 받아 본 학생들은 56%에 불과한 것으로 나타났다.[150] 이 연구에서는 다양한 ICT 수업 방법 중에서도 학생들이 직접 기기를 조작해보거나 정보를 검색하여 하는 수업은 거의 없었으며 교실에 설치된 프로젝션 TV를 통해 교사가 일방적으로 강의를 하는 식으로 대부분 수업이 진행되고 있는 것으로 나타났다. 대부분의 학교에서는 컴퓨터실을 갖추고 있으나 학교 컴퓨터실은 대부분 컴퓨터 수업을 위해 활용되고 있기 때문에 일반 교과목의 컴퓨터실 활용도는 매우 낮은 편이며, 일반 교과의 ICT 활용 수업을 위한 별도의 멀티미디어실을 갖추지 못하고 있는 학교도 대부분이다. 이와 같은 우리의 학교 현실은 ICT 활용 수업을 위한 시설 및 기기 확충을 지속적으로 추진해야 할 뿐 아니라 중학교 수업에 적합한 ICT 활용 수업 표준 및 교과별 ICT 활용 수업 모형을 개발하는 것에 더욱 많은 관심을 기울여야 함을 시사해주고 있다.

반면, 동일한 ICT 수업이라고 할지라도 어떠한 방식으로 수업을

---

150) 한국전산원(2001d). 전게서. p.52.

진행하느냐에 따라 학생들의 정보이용 및 정보생산에의 참여도는 매우 다른 것으로 나타나고 있다. 즉 학생들이 적극적으로 ICT 수업에 참여하며 직접 정보기기를 조작해보면서 수업을 진행하는 경우 정보이용능력(6.055) 및 정보생산 활동 참여 정도(1.858)는 높아진다는 것이다. 학생들이 직접 찾아온 정보를 발표하고 토론하거나, 홈페이지에 과목별 게시판을 개설하여 교사와 학생 간 정보를 공유하고, 컴퓨터실이나 멀티미디어실 등에서 학생들이 직접 정보를 수집해보는 방법으로 ICT 수업을 진행하고 있는 경험을 가진 학생들은, 다른 모든 조건이 동일한 경우라도 그렇지 못한 학교에 비해 평균 정보이용수준과 정보생산 활동에의 참여도가 높은 경향을 보이고 있다.

ICT 수업과정과 ICT 수업방법에 대한 이와 같은 학교 간 경험 차이가 학생들의 정보이용 및 정보 생산격차를 유발시키는 데 달리 작용하고 있다는 본 연구 결과를 통해 다음과 같은 사실을 확인해볼 수 있다. 현재 우리나라 중학교에서는 매우 제한적으로 ICT 수업이 이루어지고 있기는 하지만 보다 적극적으로 학생들의 참여를 유도하고 교사와 학생 간 정보공유 및 상호작용을 활발하게 하는 방법으로 수업을 진행할 경우 학생들의 정보이용능력 및 정보생산 활동에의 참여도는 높아질 수 있다. 그러나 현재의 학교 여건상 학생들이 직접 정보기기를 조작해보면서 수업이 이루어지지 못하는 상황에서 교사들에게 이와 같은 방법을 사용할 것을 강요할 수는 없다. 결국 ICT 수업 및 수업 방법은 교사가 자발적으로 선택할 수 있도록 유도하는 단위 학교 차원의 노력을 통해 해결해 나가는 것이 가장 바람직하다고 할 수 있다. 앞서 홈페이지 활용 변인과 교사지원노력이 유의미한 효과를 보이는 결과에 비추어 볼 때, 학교 정보화 풍토를 조성하려는 단위학교의 노력은 교사들의 ICT 활용 수업을 유도하는 긍정적인 역할을 담당할 수 있을 것이다.

이상의 분석결과를 종합해보면, 수업경험 변인은 학교 간 정보격차에 매우 유의미한 영향을 미치고 있다. 다시 말해, 아직까지 학교에서 자유롭게 컴퓨터에 접근하고 인터넷을 이용하는 것은 매우 어렵지만, 이와 같은 제한적인 상황에서도 학교 수업을 통해 정보화 수준을 높일 수 있다고 결론내릴 수 있다.

4) 학생 배경변인과 학교 특성 변인의 상호작용 효과 분석

지금까지 학생 배경변인 통제 후 학생 정보격차에 유의미한 영향을 미치는 학교 특성변인들의 효과를 분석한 결과를 제시하였다. 이상의 분석 결과는 다른 모든 조건이 동일하다는 가정하에 학교별 평균 정보격차 정도에 영향을 미치는 가설적인 효과를 의미하는 것이었다. 그러나 학생들의 정보격차 정도가 학생 배경변인에 따라 학교 간에 서로 다른 효과를 보일 것이라는 가정, 즉 학생 배경 변인과 학교 수준 변인 간의 상호작용 관계는 위와 같은 가산적인 분석을 통해서는 밝힐 수가 없다. 따라서 이는 학생 수준과 학교 수준 변인 간의 상호작용 관계를 고려한 기울기-절편 결과모형을 통해 달리 검증해야 한다.

학생 배경변인과 학교특성 변인의 상호작용 효과를 분석하기 위해서는 본 연구에서 사용하고 있는 4개의 학생 수준 독립변인들의 영향력이 전집의 학교에서도 의미 있는 차이가 있는지를 검증해야 한다. 이 단계에서는 위계적 선형모형의 하위 모형인 무선-계수

회귀모형(random-coefficient model)[151]을 적용하여 학생 수준 변인의 기울기 값 중 전집에서도 유의미한 차이를 가져오는 변인을 탐색하게 된다. 무선－계수 회귀모형의 $x2$검증 결과치를 통해 학생 정보격차의 각 영역과 관련을 맺으면서 학교별로 차이를 보이는 학생 배경변인을 구할 수 있다.

학생 정보격차 영역별로 학생배경 변인들을 투입한 후 무선회귀 계수 모형을 적용시켜 본 결과, 〈표 III-16〉에 제시한 바와 같이 정보 접근격차와 정보 이용격차의 경우 정보추구욕구변인, 정보생산 부분에서는 학업능력 변인의 기울기가 전집에서도 무선적으로 변화하는 것으로 나타났다. 이러한 결과를 기초로 본 연구에서 설정한 학교 수준의 변인들을 모두 투입하여 각 정보격차 영역에 대한 상호작용 효과를 분석한 결과, 정보 접근격차 영역에 대해 정보추구욕구 기울기와 상호작용하는 학교특성 변인은 나타나지 않았다.[152] 이후에는 정보 이용격차와 정보 생산격차에 대해 학생 배경변인과 유의미한 효과를 보이는 학교특성 변인의 상호작용 효과를 분석한 결과를 제시한다.

---

151) 무선회귀계수모형은 III장의 분석방법에서 밝힌 위계적 선형모형 검증 단계 중 2단계에 해당하는 중간모형을 의미한다.
152) 학생 정보격차와 유의미한 상호작용 관계를 보이는 학교특성 변인들에 대한 논의는 거의 없는 편이다. 따라서 본 연구에서는 총 15개 학교 수준 변인들을 모두 투입한 후 학생 정보격차 영역별로 학생 수준 변인의 기울기와 상호작용하는 변인을 탐색하는 방법을 사용하였다.

5. 학생 배경변인과 학교특성변인의 상호작용 효과 분석

가. 정보 이용격차에 대한 상호작용 효과

〈표 III-16〉의 무선계수회귀모형 분석을 통해 학생들의 정보추구 욕구 기울기가 학교별로 차이가 나고 있음을 확인할 수 있었다. 즉 학생들의 정보 이용격차와 성, 사회·경제적 지위, 학업능력의 세 가지 배경 변인과의 관련성은 학교별로 차이가 나지 않으나(fixed), 정보추구욕구로 인한 정보 이용격차는 학교의 특성에 따라 유의미 한 차이를 보인다(random)고 가정할 수 있다.

〈표 III-16〉 학생 배경변인 기울기의 학교 간 차이 검증

정보격차영역/변인명	변량	자유도	$x2$
정보 접근격차			
정보추구욕구	0.830	25	35.632*
정보 이용격차			
정보추구욕구	1.253	25	39.518*
정보 생산격차			
학업능력	0.366	25	33.937*

* P<.05

본 연구에서 설정한 학교특성 변인을 사용하여 정보추구욕구 기 울기와의 상호작용 관계를 분석한 결과, 학교의 정보화 운영방침, 교사지원 노력, ICT 수업방법 경험, 활용환경지원의 네 가지 변인 이 학생들의 정보 이용격차에 유의미한 영향을 미치는 것으로 나타

났다(〈표 III-17〉 참조). 특히 정보화 풍토 변인에 해당하는 교사지원노력 변인과 학교의 정보화 운영방침 변인은 정보추구욕구에 따른 정보 이용격차를 상대적으로 줄여주는 효과를 가지고 있는 것으로 나타났다.[153] 다시 말해, 교사들이 수업에 ICT를 활용할 수 있도록 필요한 기기나 연수기회를 지원하려는 노력을 보인다고 평가하는 학교일수록, 그리고 학교 정보화 운영방침을 구체적으로 수립하고 예산을 우선적으로 배정하여 학교구성원들의 정보화 능력을 키우는 데 적극성을 보이는 학교일수록 학생들의 정보추구욕구에 따른 정보 이용격차가 줄어드는 경향을 보인다. 따라서 정보화 풍토를 조성하기 위한 단위학교 차원의 노력은 교사들의 수업 행위에 영향을 주고 있으며, 이를 통해 학생들의 정보추구욕구를 적절하게 충족시키게 되어 정보 이용격차를 줄이는 효과를 보인다고 결론내릴 수 있다.

〈표 III-17〉 학교 수준 변인과 정보추구욕구 변인 기울기와의 상호작용 효과

고정효과	계수	표준오차	(t-비율)	
절편(정보추구욕구평균 기울기)	3.338	0.286	(11.669)	***
정보화운영방침	-1.178	0.709	(-1.662)	*
교사지원노력	-4.342	1.905	(-2.279)	**
ICT 수업방법 경험	2.722	0.917	(1.933)	*
활용환경지원	0.541	0.285	(1.893)	*

* t〉1.5   ** t〉2.0   *** t〉3.0

---

153) 본 연구에서는 학생 배경변인에 따른 정보격차를 상대적으로 줄이는 데 초점을 맞추어 상호작용 효과를 해석한다.

다음으로 정보추구욕구 변인과 유의미한 상호작용 효과를 보이는 학교특성 변인은 ICT 수업방법 경험(효과계수 2.722, t>1.5) 및 활용환경 지원(효과계수 0.541, t>1.5) 변인으로 나타났다. 그런데 이 두 변인은 동일한 정보추구욕구를 가진 학생들의 정보 이용격차를 더욱 높이는 효과가 있는 것으로 나타나고 있다. 즉 학생들의 정보추구욕구가 동일하다고 할지라도 ICT 수업 방법에 대한 경험 및 정보 활용 지원 환경에 따라 정보이용능력에 차이를 보일 수 있다는 것이다. 예컨대, 정보추구욕구가 강한 학생들은 보다 적극적으로 학생들의 참여를 유도하고 직접 정보기기를 조작해볼 수 있는 기회를 제공해주는 ICT 수업을 통해 자신들의 정보이용능력을 더욱더 향상시켜 나갈 수 있다는 것이며, 이 과정에서 정보추구욕구가 낮은 학생들과의 격차가 더 커지게 된다. 또한 일반 교과목의 컴퓨터실 활용 비율을 높이고, 컴퓨터 과목을 선택하고 있으며, 학교 구성원들의 정보화 능력을 향상시키기 위한 정보화 자율과정을 운영하는 학교일수록, 그리고 컴퓨터실이나 멀티미디어실 등 정보이용이 가능한 교실 수를 확보하기 위한 노력을 보이는 학교일수록 정보추구욕구가 높은 학생과 낮은 학생들 간의 정보 이용격차를 더 크게 한다고 볼 수 있다.

이상의 분석결과를 종합해보면, 학교의 정보화 운영방침, 교사지원노력, ICT 수업방법 경험, 활용환경 지원 변인이 정보추구욕구와 의미 있는 상호작용 효과를 보이는 학교특성변인으로 나타났다. 이들 변인 중에서 학교의 정보화 운영방침과 교사지원노력 변인은 정보추구욕구로 인한 정보 이용격차를 상대적으로 줄여주는 효과를 보인 반면, ICT 수업방법 경험과 활용환경 지원 변인은 그 격차를 오히려 크게 하는 효과가 있는 것으로 나타났다. 그러나 이렇게 학교 특성 변인들의 상호작용 효과가 서로 다른 방향으로 나타나기는 했지만, 이 변인들은 학교소재지나 설립유형과 같은 이미 주어져 있는 고정된 환경이 아니라 단위학교가 정책적인 지원과 노력을 통해 충분히 변화시킬 수 있는 여지를 보이고 있다. 따라서 학생들의 학교 교육과정을 통해 정보추구욕구를 유발시키며, 이를 적절하게 충족시킬 수 있는 여건을 조성해줄 수 있는 적절한 대책이 요구된다.

나. 정보 생산격차에 대한 상호작용 효과

〈표 III-16〉의 분석결과에 의하면, 학생 배경변인 중 학업능력 변인이 정보 생산격차에 대해 학교별로 차이를 보이는 것으로 나타났다. 즉 학업능력변인이 정보 생산격차에 미치는 영향력은 학교별로 차이가 나지만 다른 세 변인(성, 사회·경제적 지위, 정보추구욕구)의 영향은 학교별로 차이가 난다고 볼 수 없었다.

학생들의 학업능력 기울기와 상호작용 효과를 보이는 학교 수준 변인을 분석한 결과, 〈표 III-18〉에 제시된 바와 같이 ICT 수업 방법 변인의 효과가 유일하게 나타났다. 특히 이 변인은 학업능력에 따른 정보 생산격차를 줄여주는 효과도 보이는 것으로 나타났다(효과계수 -5,901, t〉1.5). 이를테면 ICT 수업을 학생들의 참여를 유도하는 방법으로 운영하게 되면 학생들의 학업능력에 따른 정보 생산격차를 줄일 수 있다는 것이다. 앞서 학생 정보 생산격차에 대한 학교특성 변인의 가산적 효과 분석에서는 이 변인이 학생들의 정보 생산 활동에의 참여를 높여주는 효과를 보이고 있었다. 따라서 ICT

수업 방법에 대한 경험은 학생들의 평균 정보생산 활동에의 참여 수준을 높이면서 학업능력에 큰 영향을 받고 있는 정보 생산격차를 줄여줄 수 있는 효과를 보인다고 결론내릴 수 있다.

〈표 III-18〉 학교 특성 변인과 학업능력 변인 기울기와의 상호작용 효과

고정효과	계수	표준오차(t-비율)	
절편(학업능력 평균 기울기) 1.598	0.373	(4.277)	***
ICT 수업방법 경험	-5.910	3.888	(-1.520)	*

* t〉1.5   ** t〉2.0   *** t〉3.0

앞서 학업능력에 따라 학생들 간의 정보 생산격차가 유의미하게 나타나고 있음을 확인한 바 있다(〈표 III-9〉 참조). 학생의 학업 능력은 가정 배경의 영향과 학생 개인의 노력이 복합적으로 작용한 결과이기 때문에 학업능력으로 인해 나타나는 정보격차는 사실상 해소하기 어려운 과제이다. 학생들이 습득해야 할 정보 활용능력은 정보통신기술을 도구로 활용하여 고도의 이해력, 비판적 사고력, 창의력을 높이는 종합적인 능력을 의미한다.[154] 이러한 능력은 궁극적으로 학교정보화가 추구하는 목표이며 일정 정도의 지적 수준을 요구하기 때문에, 현재 학업능력에 따라 나타나는 정보 생산격차가 향후 사회적인 불평등으로 이어질 수 있는 가능성도 배제할 수 없게 된다. 이러한 의미에서 학교 ICT 수업 방법 변인이 학생들의 정보생산 활동 참여도를 높이면서 학업능력에 따른 정보 생산격차도

---

154) Fulton, K. (1998). 'Learning in a Digital Age: Insights into the issues, the Skills Students Need for Technology Fluency'. *T. H. E. Journal* 25(7). pp.60~64; 천세영 외(1999). **정보사회교육론**. 원미사. p.94.

줄이는 효과를 보이는 것으로 나타난 본 연구 결과는, 수업경험이 평균적으로 학생들에게 영향을 미치며, 학교차원의 노력을 통해 학생 정보격차를 완화시킬 수 있는 정책적 노력이 가능하다는 점을 보여주고 있다.

제4장 논의 및 결론

1. 학생 정보격차의 특징과 학교 효과

가. 학생 정보격차의 특징

정보격차는 정보기기에의 접근과 이를 이용할 수 있는 능력에서 보이는 격차뿐 아니라 정보 생산 활동에 참여하는 데서 나타나는 차이까지 포함한 포괄적인 개념이며, 성·세대·계층·지역·인종과 같은 귀속적 요인 및 개인이 속한 조직 환경의 영향에 의해 나타나는 것으로 알려져 있다. 본 연구에서는 이러한 정보격차 논의 구조를 반영하여 학생 정보격차를 측정하고 이에 영향을 미치는 변인들과의 관계를 탐색하였다. 본 연구결과를 바탕으로 다음과 같은 학생 정보격차의 특징을 도출하고 이것이 가지는 정책적 함의를 제시하고자 한다.

첫째, 학생 정보격차는 각 영역 간에 상호의존성이 매우 높은 특징을 보인다. 본 연구에서는 기존의 정보격차 논의를 통해 정보격차가 나타나는 영역을 1-수준 격차에서는 접근과 이용격차, 2-수준 격차에서는 생산격차로 구분하고, 학생 정보격차가 각 영역에서 어느 정도 관련이 있는지를 분석하였다. 분석 결과, 각 정보격차 영역 간에 정적으로 유의미한 상관을 보이고 있었다($p < .01$).

학생 정보격차의 하위 영역 간에 정적인 상관을 보인다는 것은, 어느 한 영역에서의 격차가 다른 영역에서의 격차에 영향을 미치며 또 다른 격차로 이어지는 순환적 관계에 있음을 의미한다. 예컨대, 정보 기기에의 접근 기회나 정보인식이 높은 학생들은 정보이용 능력 또한 높으며, 정보이용능력이 높기 때문에 정보생산 활동에 참여하는 정도도 높게 나타날 수 있다는 것이다. 이러한 결과는 특정 시점에서 정보접근기회가 낮은 사람은 정보이용능력 또한 낮고, 이로 인해 정보생산 활동에의 참여 역시 낮아지기 때문에 정보를 가진 자와 가지지 못한 자 간의 간격은 새로운 매체가 등장할수록 해소되기보다는 더욱 확대될 것이라는 전통적인 정보격차 가설이 학생들에게도 적용되고 있음을 입증해주는 것이다.

따라서 상호의존성이 강한 학생 정보격차를 해소하기 위해서는 먼저 1-수준 격차에 해당하는 정보 접근격차와 정보 이용격차가 어떻게 나타나고 있는지를 보다 구체적으로 파악하는 과정이 필요하다. 학생들의 경우, 사회 일반인들에 비해 정보친화적인 성격을 지니고 있어 정보접근이나 이용 능력이 매우 높은 것으로 인식하는 경향이 강하다. 이로 인해 학생들의 정보 접근 실태나 실제적인 정보이용 능력이 어느 정도인지를 파악하려는 노력은 상대적으로 소홀했던 것이 사실이다. 향후 정보격차의 양상은 탭스콧(Tapscott)의 지적대로 매체에 대한 접근의 문제뿐 아니라 서비스 이용 능력의 차이, 기술 활용성의 차이, 동기(motivation) 차이, 학습 기회의 차이로 이어질 것으로 예상된다.[155] 따라서 성과와 활용 중심으로 전환되고 있는 학교정보화 정책이 실질적인 효과를 거두기 위해서는, 학생들의 정보

---

155) Tapscott, D. (2000). 'The Digital Divide'. in *Jossey-Bass Readers on Technology and Learning.* CA: Jossey-Bass Inc. pp.127∼154.

접근기회와 이용 능력이 어느 정도인지, 이를 제약하는 요인이 무엇인지를 보여줄 수 있는 기초 자료를 확보하는 것이 우선 과제이다.

둘째, 학생 정보격차는 다양한 요인들의 복합적인 영향으로 인해 나타난다. 지금까지 학생 정보격차는 주로 성이나 사회·경제적 지위, 학업능력, 지역과 같은 인구통계학적 요인의 영향으로 인해 나타나는 것으로 알려져 왔다. 최근 들어 정보추구욕구와 같은 사회 심리적인 요인으로 정보격차 현상을 설명하는 시도[156]가 있기는 하지만 여전히 개인적인 수준에서 학생 정보격차와의 관련성을 보여주는 것에 머물러 있다는 한계를 지니고 있었다. 특히 학생들에게 정보접근과 이용, 생산 활동의 기회를 제공하고 있는 학교 환경의 영향에 대해서는 알려진 바가 거의 없었다.

본 연구에서는 학생 정보격차가 성, 사회·경제적 지위, 학업능력, 정보추구욕구와 같은 개인 수준의 변인뿐 아니라 설립유형, 학교의 사회·경제적 지위, 정보화 지원 환경, 정보화 풍토, 수업 경험 등 다양한 학교 특성 변인들의 복합적인 영향으로 인해 나타나고 있음을 보여주었다. 특히 학생 배경변인의 영향력을 통제한 이후에도 학생 학교 특성 변인들의 효과가 유의미하게 나타나고 있어 그동안 시행된 학교정보화 정책이 학생들의 정보접근이나 이용, 생산수준을 높이는 데 일정 부분 기여하고 있다는 것을 확인할 수 있었다. 특히 수업경험 변인들은 정보접근 및 이용, 정보생산 영역에 의미 있게 영향을 미치고 있는 것으로 나타나 정보통신기술을 활용한 새로운 교수-학습 방법이 학생들의 정보화 수준을 높이는 데 가장 의미 있게 기여할 수 있다는 점도 검증되었다.

---

156) 손경애(2001b). 전게논문.

　동일한 배경을 가진 학생이라고 하더라도 다니는 학교의 특성에 따라 정보이용과 정보생산 영역에서 차이가 있다는 것은 본 연구를 통해 새롭게 발견된 사실이다. 즉, 동일한 정보추구욕구를 가진 학생이라고 할지라도 정보화 운영 방침, 교사들에 대한 지원 노력, 정보 활용 환경 조성, ICT 수업방법과 같은 학교 내 경험에 따라 정보이용능력에 차이가 있으며, 학업능력 따라 차이를 보이는 정보생산격차가 학생을 적극적으로 참여시키는 방법을 사용하는 ICT 수업을 통해 줄어들 수 있는 것으로 나타났다. 이러한 결과는, 학생 배경변인의 영향력을 최소화시킬 수 있는 단위학교 차원의 노력이 학교 내 시설자원을 활용하는 과정, 즉 수업이나 정보화 풍토 조성과 같은 학교 내부의 활용 환경을 변화시키는 데 초점을 맞추어야 한다는 점을 시사해준다.

　셋째, 현재 학생들에게 나타나는 정보격차는 확산 가능성을 내포하고 있다. 성과 사회·경제적 지위, 교육 수준 등은 정보격차의 원인으로 가장 주요하게 언급되는 요인들이다. 사회·경제적 지위는 정보기기를 구매할 수 있는 경제적 능력을 의미하므로 정보격차를 유발시키는 가장 주요한 원인으로 지목되고 있다. 성 역시 정보불평등의 관점에서 심각한 사회문제를 야기한다고 알려져 왔다. 특히 남성에 비해 여성의 경우 정보접근력이나 활용능력이 상대적으로 낮게 나타나고 있으며 연령별, 사회계층별, 직업별로도 성별에 따른 격차가 나타나고 있기 때문에 여성들의 사회참여를 유도하고 정보사회에 적응할 수 있도록 하는 방안들이 꾸준히 추진되고 있는 실정이다.

　이외에도 정보격차는 직업별, 교육 수준별 차이에 의해서도 나타난다고 알려져 있다. 1998년부터 2000년까지 한국의 정보격차 추이를 분석한 연구에 의하면, 컴퓨터와 인터넷 이용에 있어 성별, 지역별 격차는 줄어들었으나 연령별, 교육 수준별, 소득별 격차는 지속되거나 오히려 확대되어 가는 특징을 보이는 것으로 나타났다.[157] 여기서 교육 수준별로 나타나는 정보격차에 주목하는 이유는, 정보사회가 요구하는 능력이라고 할 수 있는 정보리터러시가 일정 수준의 인지적 능력을 요구하게 되고 이로 인해 나타나는 격차는 단기간에 해소하기가 상당히 어려우므로 더욱 지속되고 확산될 가능성이 크다는 점에 있다.

정보격차의 주요인과 그 특성에 비추어 볼 때, 본 연구에서는 학생 정보격차가 성을 제외한 사회·경제적 지위, 학업능력에 따라 큰 차이를 보이고 있다고 나타나, 현재 학생들에게 나타나는 정보격차가 향후 확산될 수 있는 가능성을 내포하고 있음을 보여주고 있다. 그런데 학업능력이나 사회·경제적 지위와 달리, 정보추구욕구와 같은 사회심리적 배경 변인이 학생 정보격차에 미치는 영향이 가장 크게 나타나고 있다는 것은 학생들의 정보추구욕구를 적절하게 충족시켜 줄 경우 개인 배경변인의 영향이 상당히 줄어들 수 있다는 점에서 정보격차가 완화될 수 있는 여지를 보여주고 있다.

이상의 논의를 종합해 볼 때, 학생 정보격차는 그동안 정보격차의 주요한 원인으로 지적되어 온 사회·경제적 지위나 학업능력의 영향으로 인해 확산될 가능성을 충분히 내포하고 있다. 그러나 이러한 변인들의 영향은 정책적 처방을 통해 해소하기가 상당히 어렵다는 데 문제가 있다. 따라서 학생 정보격차를 해소하기 위한 정책

---

157) 심상완·김정석(2000). 전게논문. pp.135~162.

대안을 마련하기 위해서는, 개인 배경변인의 영향력을 통제한 후에 순수하게 학교가 영향을 미칠 수 있는 범위와 가능성을 탐색해야 할 필요성이 제기된다.

나. 학생 정보격차에 대한 학교 효과

본 연구에서는 학생 배경변인 통제 후, 15개의 학교 특성변인을 사용하여 학생 정보격차와의 관련성을 분석해보았다. 분석 결과에 의하면, 학교 간 정보격차에 영향을 미치는 학교 특성변인들의 효과가 외부환경, 정보화 지원환경, 정보화 풍토, 수업경험 변인군의 모든 영역에서 유의미한 것으로 나타났으며, 정보 이용격차 및 정보 생산격차 영역에서는 학생 배경변인과 학교특성 변인과의 상호작용 효과도 있는 것으로 나타났다. 이후에는 학생 정보격차에 대한 학교 효과 연구의 의미에 대해 구체적으로 논의하고자 한다.

첫째, 학생들의 정보화 수준을 향상시키고 정보격차를 해소시킬 수 있는 단위 학교의 효과가 분명하게 나타나고 있다. 학생 정보격차는 앞서 살펴본 바와 같이 개인 배경변인의 영향을 강하게 받고 있다. 그런데 이러한 배경변인을 통제한 후에도 설립유형, 시설지원 환경, 학교 홈페이지 활용, 교사의 기기활용능력, 학교의 교사지원노력, 컴퓨터 수업, ICT 수업 경험 등 다양한 학교 특성변인들이 학생들의 정보화 수준을 높이는 데 유의미한 효과를 보이는 것으로 나타나고 있다. 이러한 변인들의 효과는 학교 외부환경, 정보화 지원환경, 정보화 풍토, 수업 경험 등 학교 정보화 시설·투입에서부터 이를 활용하는 과정에 이르는 전반적인 학교 체제에 해당하는 것으로, 학생들의 정보격차에 직접적인 영향을 미치고 있음을 확인할 수 있다. 그러나 학생 정보격차가 유발되는 과정과 이에 영향을 미치는 다양한 변인들과의 관계를 보여주는 분석 모형은 개발되어 있지 않은 실정이다. 본 연구결과는 학교에 투입된 정보화 시설과 자원을 학교 구성원들이 어떻게 활용하고 있는지, 이 과정에서 어떠한 과정을 거쳐 학교 정보화 풍토가 조성되고 있는지, 단위학교에 형성된 정보화 풍토는 교사와 학생들에게 어떻게 영향을 미치고 있는지를 보여주는 분석 모형을 개발하는 데 유용한 정보를 제공해줄 수 있을 것으로 기대한다.

둘째, 학생 정보격차 영역별로 유의미한 영향을 미치는 학교 특성변인의 효과가 달리 나타나고 있다. 학생 정보 접근격차는 학교의 정보화 시설지원 환경의 차이에 영향을 받고 있는 반면, 정보 이용격차는 물리적 환경과 더불어 학생들이 직접 정보기기를 이용할 수 있는 수업 환경의 차이로 인해 나타나고 있었다. 정보 생산격차의 경우시설 환경의 영향보다는, 학교 구성원들이 보급된 시설자원을 활용할 수 있도록 지원하는 정보화 풍토나 교사들이 수업에 활용하는 정도에 영향을 받고 있는 것으로 나타났다. 이러한 결과는 3원적 분화모형에 기초하여 정보격차의 유형을 논의하면서 각 유형에 따라 서로 다른 정책적 해소 방안이 필요하다고 주장한 김문조와 김종길의 논의와도 일치하는 것이다.[158] 예컨대, 정보 접근격차를 해소하기 위해서는 주요 개선 영역이 하드웨어에 집중되어 있다면, 정보 이용격차 및 정보 생산격차를 해소하기 위한 방안은 소프트웨어와 휴먼웨어에 더 많은 비중을 두어야 한다. 학생 정보격차를 해소하고 궁극적인 정보화의 목표를 달성하기 위해서는, 학

---

158) 김문조 · 김종길(2002). 전게논문. pp.123∼155.

교 내 정보화 기반시설을 확충뿐 아니라, 구성원들의 활용을 지원하는 전반적인 학교 지원 체제를 개선해 나가는 노력이 병행되어야 할 것이다.

셋째, 학생 정보격차에 미치는 여러 변인들 중에서 정보화 풍토 및 수업경험 등 학교 내 과정을 의미하는 변인들의 효과가 크게 나타나고 있다. 학교 홈페이지 활용, 교사지원노력, 컴퓨터 수업, 학교 정보화 운영방침, 교사지원노력, ICT 수업방법 경험, 활용환경 지원 등 학생 정보격차에 유의미한 효과를 보이는 대부분의 학교 특성 변인들은 정보화 풍토나 수업경험 변인에 해당하는 것이다. 이와 같이 외부환경이나 시설지원 환경의 영향도 나타나고 있기는 하지만 정보화 풍토나 수업경험과 같은 학교 내 과정 변인들이 학생들의 정보화 수준을 높이는 데 유의미한 효과를 보이고 있다는 것은 학교 내에서 학생들이 구체적으로 경험하는 사회심리적 환경의 중요성을 보여주는 것이다. 이러한 결과는 OECD에서 학생들의 ICT 기술에 영향을 미치는 과정을 설명하면서 학교 ICT 이용을 강조했던 논의와도 맥을 같이하는 것이다.[159]

그런데 본 연구에서 설정한 정보화 풍토나 수업경험 변인 이외에도 학생들의 정보화 수준에 영향을 미치는 학교 과정변인은 매우 다양하게 나타날 수 있다. 예컨대, 학생들이 ICT 활용에 기울이는 노력의 정도, 학교의 학업성취 표준, 교수의 질에 대한 평가, 경쟁적 분위기 등과 같은 학교 과정 변인들은 본 연구에 포함되지 못하였다. 이와 같은 다양한 학교 과정 변인들을 분석 모형에 포함시키게 된다면, 학생 정보격차와 학교 효과와의 관련성을 보다 포괄적

---

159) OECD(2000). *op. cit.* pp.73~74.

으로 논의할 수 있게 될 것이다.

2. 학교를 통한 학생 정보격차의 완화 가능성과 한계

　1997년 교육정보화 시행 계획이 수립된 이후 본격적으로 학교정보화 정책이 추진되고 있다. 국가 차원의 적극적인 관심과 재정 지원으로 각급 학교에 정보화 기기가 투입되고, 교사와 행정가를 위한 정보화 연수가 시작되었으며, ICT 활용 수업이 시행되고 교육행정업무시스템이 개발되는 등 학교 현장의 변화는 학생의 문화와 교수－학습방법, 학사행정업무에 이르기까지 매우 광범위한 영역에서 일어나고 있다. 이와 같은 변화의 기저에는 학교교육 환경을 변화시킴으로써 학생들에게 정보사회의 구성원으로 살아갈 수 있는 능력을 함양시켜 주어야 한다는 신념, 그리고 정보사회에서도 여전히 학교의 역할과 기능이 중요하다는 사회 구성원 간 합의된 인식이 자리잡고 있다.

　그런데 학교는 독특한 이념(ethos)과 풍토(climate)를 지니고 있는 하나의 사회체제적 성격을 지니고 있는 조직이기 때문에, 앞에서 제시한 교육정보화 정책의 목표와 투입되는 제반 사업들의 효과는 학교의 풍토나 사회적 체제와 상호작용하면서 달리 나타날 수 있다. 그러므로 학생들이 어떤 특성을 보이는 학교에 다니느냐에 따라 투입되는 정보화 환경에 대해 서로 다른 경험을 하게 될 것이며, 학교 간의 이러한 차이는 학생 배경변인과 상호작용하면서 학생들의 정보화 수준에도 영향을 미침으로써 정보격차를 유발시키는 요인으로 작용하게 된다. 여기서는 보다 구체적으로 학교를 통한 학생 정보격차 완화 가능성과 한계에 대해 논의하고자 한다.

첫째, 학생들의 정보화 수준과 능력은 정보기기를 구입할 수 있는 지불 능력과 이를 사용할 수 있는 일정 수준의 인지능력 등 개인 배경의 영향을 지대하게 받고 있음에도 불구하고, 학교 정책과 실천을 통해 그 영향력을 완화시킬 수 있다. 각 정보격차 영역별로 학교 특성변인들의 영향력이 매우 다르게 나타나고 있음은 앞서 지적한 바와 같다. 이러한 결과는 학생 배경변인의 영향력을 통제한 이후에 나타난 것으로 순수하게 학교의 노력을 통해 학생 정보격차를 완화시킬 수 있는 범위를 제공해주고 있다는 점에 의의가 있다. 그런데 학생 정보격차를 완화시키기 위한 학교의 역할을 제고하기 위해서는, 양적인 측면에서의 평등한 접근 기회를 넘어서 보다 질적인 속성으로 학생 정보격차에 대한 관심을 전환시켜야 한다는 주장에 귀를 기울일 필요가 있다.160) 정보통신기술이 교육적으로 활용되면서 꾸준히 제기되어 왔던 기술 공평성(technology equity) 개념은 이러한 맥락에서 새롭게 구성될 필요가 있을 것이다.

정보통신기술 이용에 대한 공평성이란 학생들의 필요와 수준에 따라 기술 접근도 달라져야 하며, 새로운 기술의 도입보다는 각 학생의 필요에 초점을 맞추어 적용되어야 함을 의미한다. 기술 공평성 개념은 특히 양질의 컨텐츠(high quality digital contents)를 제공하는 것과도 밀접한 관련이 있다. 학생들의 정보추구욕구가 정보격차를 유발시키는 주요한 요인으로 작용하는 것으로 나타난 본 연구 결과에 비추어

---

160) Damarin, S. K. (2000). 'The 'Digital Divide' Versus Digital Differences: Principles for Equitable Use of Technology in Education. *Educational Technology*. pp.17~22.; Tetreault, D. R. (2000). *op. cit.*

볼 때, 학생들은 정보기기에 대한 접근 기회 그 자체보다는 제공되는 정보의 질에 따라 차별을 경험하고 있으며, 자신들의 관심과 필요를 충족시켜 전문성을 신장시켜주려는 노력에 대한 필요를 느끼고 있다. 따라서 학생 정보격차 해소 정책은 학생들의 요구와 필요에 근거한 양질의 교육과정을 개발하는 쪽으로 그 방향을 이동해야 할 것이다.

둘째, 정보화 풍토를 조성하고 정보화 지원 환경을 제공하고자 노력하는 단위학교의 의지에 따라 학생 정보격차는 완화될 수 있다. 현재 교육정보화 정책을 추진하는 과정에서 교육인적자원부는 기본 정책을 수립하고 행·재정적 지원방안을 강구하며, 시·도교육청은 각급 학교의 ICT 활용을 지원하는 등 자율적인 정보화 과정이 운영될 수 있도록 기본 계획을 세우는 역할 분담이 이루어지고 있다.[161] 따라서 정보화 운영 계획을 수립하고 교사들의 ICT 활용을 지원할 수 있는 여건은 단위학교가 정보화에 대해 어느 정도로 적극성을 보이느냐에 따라 달라질 수 있게 되며, 이 과정에서 학교 간에 서로 다른 정보화 풍토가 조성됨으로써 학생에게 미치는 영향 역시 큰 차이를 보이게 될 것이다.

그러나 학교조직은 변화를 요구하는 외부 압력에 매우 느리게 반응하며 불규칙적이고 전혀 예측하지 않은 양상으로 반응할 수 있고, 행정 체계 중심의 학교 조직 구조가 단위학교의 자율성을 제약하고 있다는 지적은,[162] 건전한 정보화 풍토를 조성함으로써 학생들의 정보격차를 완화시키려는 노력을 가로막는 한계로 드러나고 있다.[163] 이러한 측면에서 학교 정보화 풍토를 조성하기 위해 단위

---

161) 교육인적자원부(2003). 전게서. p.Ⅲ-1.
162) Tyack, D. and L. Cuban(1995). *Thinkering toward utopia: a century of public school reform*. MA: Havard University Press.

학교의 노력이 요구될 뿐 아니라 학교 여건이나 조직의 특성에 부합하는 정책 지원이 필요하다는 주장은 아무리 강조해도 지나치지 않을 것이다.

셋째, 메흘링거(Mehlinger)가 지적한 바와 같이 정보통신기술을 이용한 교육개혁은 교사들의 협조가 없으면 이루어지기가 어려운 본질적인 특징을 지니고 있다.[164] 쿠반(Cuban)은 교육에 도입된 매체 활용이 기대-과학적 연구-실망-비난의 사이클을 거침으로써 성공하기 어려울 것임을 제안한 바 있으며, 이후의 논의에서도 교사들의 협조와 노력이 뒷받침되지 않은 개혁이 성공하지 못한다는 점을 꾸준히 지적하고 있다.[165]

그러나 교사들은 외부적 압력에 대한 부담과 스트레스로 인한 갈등을 피하기 위해 실제 교수-학습활동에 정보통신기술 활용을 아예 시도하지 않거나, 선택적 수용과 변형적 기제라는 방식을 활용하여 그들 나름대로의 전략을 마련하여 ICT 활용 수업을 교실의 특성이나 교사의 직무 특성에 맞도록 적용하기도 하는 것으로 알려져 있다.[166]

---

163) Hodas, S. (1993). 'Technology Refusal and the Organizational Culture of Schools'. *Education Policy Analysis Archives* 19(1). september 14.

164) Mehlinger, H. D.(1996). 'School Reform in the Information Age'. *Phi Delta Kappan.*

165) Becker, H. J. (2000a). *Findings from the Teaching, Learning and Computing Survey: Is Larry Cuban Right?.* Revisions of a paper written for the January, 2000 School Technology Leadership Conference of the Council of Chief State School Officers. Washington D. C; Cuban, L.(2000). *So Much High-Tech Money Invested, So Little Use and Change In Practice: How Come?.* Paper prepared for the Council of Chief State School Officer's annual Technology Leadership Conference. Washington D. C.

166) Hargreaves, A., S. L. Karen and J. Toole(1999). 'Rethinking school improvement'. In Murphy. J. and S. L. Karen(ed.). *Handbook of*

현재의 정보통신기술 활용 정책이 이와 같은 교사들의 특성과 학교 현장의 상황을 감안하지 못하고 무리하게 추진되고 있다는 것도 계속 지적되고 있다. 수업의 방향과 흐름을 전적으로 주도하는 교사들에 대한 배려가 병행되지 않고 일방적이고 하향적으로 전달되고 있는 각종 정책들은 앞서 제시한 교사들의 특성을 더 강화시켜 학교 정보화의 실질적인 효과를 얻어내기 어렵게 할 수 있다. 또한 정보기기 조작에 능숙한 교사와 그렇지 못한 교사 간에 나타나는 정보격차 현상이나 상호간 정보교류를 꺼리는 개인적인 교사 문화167) 등은 수업 개선을 통해 학생들의 정보격차를 줄이려는 정책적 시도를 무기력하게 만들 수 있다.

지금까지 논의한 결과를 종합해볼 때, 학생 정보격차는 여러 가지 한계에도 불구하고 정부와 단위학교의 적극적인 지원과 노력에 의해 해소가 가능하다는 것이 분명하다. 학교 설립유형과 같은 외부환경 변인의 영향은 주어진 것으로 받아들여야 하지만, 정보화 풍토를 조성하고 보다 의미 있는 수업 경험을 제공하는 것은 정책적인 지원과 단위학교의 노력을 통해 변화 가능한 영역이다. 2003년도 이후 학교정보화 정책이 교사들의 ICT 활용 수업을 지원하는 데 많은 비중을 두고 추진되고 있으며, 정보격차 해소 방안도 교사

Educational Administration(2nd Edition). pp.251~276; 정바울은 교사들은 정보기기를 활발하게 활용하면서도 정보기기 활용 수업에 대해 이중적인 감정을 느끼고 있다고 지적하였다(정바울(2001). 전게논문. pp.179~180).

167) Hargreaves, A.(1986). *Two Cultures of Schools: the Case of Middle Schools.* London: Falmer press; 한국교육개발원(2001). 중등학교 교사의 생활과 문화. 연구보고 RR 2001-4; 김병찬(2003). '중학교 교사들의 교직문화에 대한 질적 사례 연구'. 한국교육행정학회. 교육행정학연구 21(1). pp.1~27.

들의 정보기기활용 능력 격차를 해소하는 데 초점을 두고 있어 학교를 통한 학생 정보격차 해소의 가능성을 더욱 높여주고 있다.

참고문헌

강상진(1997). 다층자료(Multi-level Data) 분석 방법: 2-Level Model을 중심으로. 한국교육평가학회. 통계자료 분석 Workshop 자료집.

강상진·김현주(2001). '학교효과의 측정과 학교평가방법 비교 분석'. 한국교육학회. 교육학연구 39(3). pp.1~26.

교육개혁위원회(1995). 세계화정보화 시대를 주도하는 신교육체제 수립을 위한 교육개혁방안.

교육부(1997). '96~2000 교육정보화촉진시행계획.

교육부(1997). 초·중등학교 교육과정 해설서.

교육부(2000). 2001년 교육정보화촉진 시행계획(안).

교육인적자원부(2001). 교육혁신과 인적자원개발을 위한 교육정보화 종합발전방안: K세대 육성과 국민의 지식역량 향상.

교육인적자원부(2002). 2003 교육정보화촉진시행계획(안).

교육인적자원부 외 13개 부처(2002). 2003년도 정보격차해소 세부 시행계획(안).

교육인적자원부·한국교육학술정보원(2001a). 2001 교육정보화백서.

교육인적자원부·한국교육학술정보원(2001b). 국민 ICT 활용 능력 기준 및 교육과정 개발 연구. 정책연구과제 ITP 2001-1.

교육인적자원부·한국교육학술정보원(2001c). 초·중등교육정보화지표 개발 연구. 정책연구과제 ITP 2001-2. 연구보고 CR 2001-2.

권기헌(1997). 정보사회의 논리. 나남.

권태환·조형제 편(1997). 정보사회의 이해. 미래미디어.

김경성(1993). '다층자료 분석의 기초와 활용'. 한국교육학회 하계학술대회 발표논문집.

김규원(1998). '정보사회의 불평등'. 정보사회학회(편). 정보사회의 이해. 나남.

김문조(1998). '성숙 정보사회의 가능성 진단'. 고려대학교. 한국사회 1(1). pp.51~80.

김문조·김종길(2001). '정보격차의 이론적·정책적 제고'. 한국사회학회. 한국사회학 36(4). pp.123~155.

김병성(1995). 효과적인 학교학습풍토의 이론과 실제: 학교현장 적용 프로그램 개발. 학지사.

김병성(2001). 학교효과론. 학지사.

김병찬(2003). '중학교 교사들의 교직문화에 대한 질적 사례 연구'. 한국교육행정학회. 교육행정학연구 21(1). pp.1~27.

김신일(2000). 교육사회학(제3판). 교육과학사.

김재인(2000). '주부와 정보사회'. 정보격차 없는 사회구현을 위한 심포지엄. 한국전산원.

김정석·심상완(2001). '한국의 정보격차 추이 1995-2000'. 동향과 전망 50. pp.247~271.

김준엽(2000). 능력모수 추정치를 이용한 학교효과성 분석방법에 관한 연구: 위계적 선형모형의 적용을 중심으로. 석사학위논문. 서울대학교 대학원.

김철주(1994). '한국 중·고등학교의 학습 기자재 및 학교시설 활용상의 문제점 및 개선방안'. 한국교육공학회. 교육공학연구 10(1). pp.203~218.

김태일(1999). '위계적 선형모형기법의 이론과 적용: 고교학업성취도 결정요인분석 사례를 중심으로'. 정책분석평가학회보 9(1). pp.203~218.

나일주(1995). '기술공학과 학교교육의 변화'. 교육개발 94. pp.44~47.

나일주(1996). 교육패러다임의 변화. 코리아네트 '96 발표자료집(Ⅱ). pp.480~482.

박광배(2003). 변량분석과 회귀분석. 학지사.

박명진(1995). '정보격차와 세대 차이'. 정보사회와 사회윤리. 아산사회복지사업재단 제7회 사회윤리 심포지엄 자료집. pp.Ⅳ-16~Ⅳ-29.

박승배(1994). '교육에 있어서 컴퓨터 이용에 관한 논쟁: 미국의 경우'. 한국교육공학회. 교육공학연구 10(1). pp.99~114.

박승배(1998). '교육정보화 지체 원인과 그 촉진방안'. 한국교육공학회. 교육공학연구 14(3). pp.135~154.

박승배·나동진(1999). '교육정보화가 교사 및 학생에게 미칠 영향에 관한 비판적 검토'. 한국교육개발원. 한국교육 26(2). pp.255~277.

박판우·이근진(2000). '컴퓨터 교육의 효율적인 교수-학습전략 제시를 위한 실태연구'. 대구교육대학교. 초등교육연구논총 15. pp.145~158.

박형준(1996). 정보화의 문명사적 의미와 국가전략의 방향. 박영률출판사.

박형준(1997). 21세기의 이해. 동아대학교 출판부.

백의선·배문식·심재용(1996). '정보화지표 개선에 대한 연구'. 정보사회연구 8(2). pp.33~49.

서민원(1996). 대학교육의 효과성 변인의 측정과 분석. 박사학위논문. 서울대학교 대학원.

서이종(1998a). '정보화의 공공 목표로서 보편적 서비스(universal service) 개념과 그 문제점'. 서울대학교 사회과학연구원. 한국사회과학 20(2). pp.156~191.

서이종(1998b). '고도정보화사회와 정보화지표'. 한국전산원. 정보화저널 5(2).

서이종(1998c). 지식정보사회학. 서울대학교출판부.

서이종(2000). '정보격차와 정보불평등: 개념과 대책의 필요성'. 정보격차 없는 사회구현을 위한 심포지엄. 한국전산원.

서이종(2001). '디지털 환경에서 정보격차의 개념'. 행정자치부. 행정과 전산 24(2). pp.28~34.

성기선(1997). 인문계 고등학교 학교효과 연구. 박사학위논문. 서울대학교 대학원.

성기선 편저(1998). 학교효과 연구의 이론과 방법론. 원미사.

성기선·김주후(2001). '시·도교육청별 교육효과 분석을 위한 탐색적 연구 :위계적 선형모형(HLM)과 군집분석의 활용'. 한국교육행정학회. 교육행정학연구 19(4). pp.267~289.

성명재(2001). 소득분배 변화추이와 결정요인 분석: 도시가구를 중심으로. 한국조세연구원.

손경애(2001a). '한국 고등학생의 PC 이용격차 분석 연구'. 서원대

학교. 교육발전 20(1). pp.185~215.

손경애(2001b). '한국 고등학생의 PC 이용격차 경로분석 연구'. 한국교육행정학회. 교육행정학연구 19(2). pp.135~162.

심상완·김정석(2001). '사회인구학적 배경에 따른 정보격차의 다원모형 분석'. 한국인구학회. 한국인구학 24(2). pp.235~253.

안영후(2000). 학교특성 변인이 학업성취도에 미치는 영향 분석. 박사학위논문. 동아대학교 대학원.

양순애(1999). Effectiveness of Educational Technology in K-12 Schools. 정보화저널 6(2).

오철호(2002). 'ICT 발달과 정보격차 해소를 위한 새로운 방향 모색: 접근성 관점에서'. 사이버커뮤니케이션학보 9. pp.73~123.

유명화(2000). '장애인의 정보사회 참여'. 정보격차 없는 사회구현을 위한 심포지엄. 한국전산원.

윤상오(2000). '정보화가 국가경쟁력에 미치는 효과분석'. 한국행정학회. 한국행정학보 34(3). pp.47~71.

윤영민(1999). 시민이 열어가는 지식정보사회. 대화출판사.

윤영민(2000). 사이버공간의 정치. 한양대학교 출판부.

윤정일(1991). '21세기 사회의 교육복지정책'. 서울대학교 교육학과. 교육이론 5(1). pp.121~144.

윤정일 외(2000). 학교개혁론. 원미사.

윤정일 외(2002). 교육행정학원론. 학지사.

이경희(1998). '멀티미디어 활용 실태 및 개선 방안에 관한 조사 연구: 경기도 초등학교를 중심으로'. 한국교육공학회. 교육공학연구 14(3). pp.259~299.

이옥화(2002). '사이버교육을 통한 공교육정상화 방안: 충북지역 중·고등학교 ICT 활용 현황 분석 결과를 토대로'. 충북대학교 교육개발연구소. 교육연구논총 23(3). pp.65~83.

임연기(1996). '초·중등학교 정보화의 현황과 과제: 교원과 학생의 컴퓨터 활용 실태 조사 결과를 중심으로'. 교육부. 교육월보. pp.72~77.

전병유 외(2001). 정보통신기술과 노동시장. 한국노동연구원.

전석호(1993). 정보사회론: 커뮤니케이션 혁명과 뉴미디어. 나남.

정명주(1998). 행정정보화 측정 및 요인에 관한 연구. 박사학위논문. 서울대학교.

정바울(2001). '정보기기가 도입된 학교에서의 교사 생활 연구'. 한국교육행정학회. 교육행정학연구 19(4). pp.175~200.

정보통신부(1997). Cyber Korea 21.

정보통신부(2001). 정보격차해소 종합계획(2001-2005).

정숙경(2001). '청소년의 성별 정보격차 실태'. 청소년 정보격차 실태와 대책 연구. 한국청소년개발원. 연구보고 01-R19. pp.167~195.

정숙경(2002). '여학생의 정보격차 현황 및 요인분석'. KERIS 2002. 4. 17 보도자료.

조미헌(2000). '학교의 정보통신기술 활용 교육 현황'. 한국교육공학회. 교육공학연구 16(4). pp.175~199.

조연주(1996). '교육개혁의 정보화에 대한 비판적 논의'. 한국교육공학회. 교육공학연구 12(1). pp.275~289.

조 한(1997). 정보화 지수 작성과 가중치 적용. 한국전산원. 정보화저널 4(11).

주영주·이광희·봉미미(2001). '여학생 정보화 현황: 인문계 중·고등학교 남녀학생의 컴퓨터 교육경험, 활용능력 및 태도 비교'. 한국교육학회. 교육학연구 39(3). pp.313~330.

진동섭(1996a). '정보화 사회에서의 교육체제의 재구조화'. 한국교육학회. 교육학연구 34(4). pp.47~49.

진동섭(1996b). '학교의 재구조화'. 교육진흥 9(1). pp.150~161.

진동섭(2000). '21세기 학교교육의 모습'. 교육인적자원부. 교육마당 21. pp.49~52.

최길찬(1995). 학생의 변화점수에 기초한 교수효과 측정모형 간의 비교 연구. 석사학위논문. 서울대학교 대학원.

최진철(2002). 초등학교 학교효과에 관한 연구: 학교환경, 학교학습풍토, 학업성취의 다수준 분석. 박사학위논문. 한국교원대학교 대학원.

최홍석 외(1999). 정보불평등 측정을 위한 지표개발 및 대응방안 연구. 정보통신부.

최홍석(2000). '정보불평등 해소를 위한 정책방향'. 한국전산원. 정보화저널 7(1). pp.9~31.

통계청(2002). 2000년 가구소비실태 조사 결과.

한겨레신문 2002년 2월 16, 24일자.

한국교육개발원(1995a). 주요국의 학교 컴퓨터 교육 현황. 수탁연구 CR 95-20-1.

한국교육개발원(1995b). 학교 컴퓨터 교육 중·장기 발전방안 연구. 수탁연구 CR 95-20.

한국교육개발원(1996). 학교 컴퓨터교육, 그 추진성과와 발전과제. 학교컴퓨터교육 발전과제 탐색 세미나 보고서. 연구보고 RR 96-9.

한국교육개발원(2000). 21세기 교육복지 발전방안 연구. 연구보고 RR 2000-3.

한국교육개발원(2001a). OECD 교육지표사업(INES) 추진 현황 및 향후 전망.

한국교육개발원(2001b). 중등학교 교사의 생활과 문화.

한국교육학술정보원(1999b). 학교정보화 실태 분석 및 활성화 방안 연구.

한국교육학술정보원(2000). 해외 교육정보화 동향 분석 자료집: 각국의 교육정보화 정책.

한국교육학술정보원(2001). 교육정보화를 통한 학교교육 내실화 방안 연구.

한국교육학술정보원(2002a). 해외 교육정보화 정책 분석. 연구자료 RM 2002-4.

한국교육학술정보원(2002b). 2002 KERIS 심포지엄자료집.

한국여성개발원·한국인터넷정보센터(2002). 정보격차와 여성: 여성의 정보불평등을 어떻게 해소할 것인가?. 여성의 정보격차 및 정보불평등 해소 정책 세미나 자료집.

한국인터넷정보센터(2000). 인터넷 이용자 수 및 이용 행태에 관한 설문조사 결과 보고서.

한국인터넷정보센터(2003). 인터넷 이용자 수 및 이용 행태 조사.

한국전산원(1996). 정보화 지수를 위한 가중치 연구.

한국전산원(2000a). 소외계층 정보화를 위한 정보격차 실태조사.

한국전산원(2000b). 정보격차 없는 사회구현을 위한 심포지엄 자료집.

한국전산원(2000c). 정보격차 해소를 위한 종합방안 연구보고서. NCA I-RER-00092.

한국전산원(2001d). 교육정보화수준 평가지표 연구. NCA I-RER -01064.

한국전산원(2002). 2002 한국인터넷백서.

한국정보문화센터(1996a). 멀티미디어시대의 정보격차 해소방안에 관한 연구.

한국정보문화센터(1996b). 정보문화지수 개발에 관한 연구.

한국정보문화센터(2000). 2000 정보생활 실태 및 정보화 인식 조사.

한국정보문화센터(2001a). 2001 국민정보생활 및 격차 현황. 동향분석 01-01.

한국정보문화센터(2001b). 국민생활 정보화 실태 및 정보화 인식 조사.

한국정보문화센터(2001c). 인터넷 중독현황 및 실태조사. 연구보고 01-01.

한국정보문화센터(2001d). 2001 국민정보생활 및 격차 현황 2차 조사.

한국청소년개발원(2001). 청소년 정보격차 실태와 대책 연구. 연구보고 01-R19.

한국청소년개발원(2002). 청소년 정보화 실태조사 연구. 연구보고 02-R15.

홍두승(1983). '한국사회계층연구를 위한 예비적 고찰'. 한국사회의 전통과 변화.

황승연·윤영민(1998). 정보불평등의 구조와 과정. 한국학술진흥재단 연구결과보고서.

황일청 편(1992). 한국 사회의 불평등과 형평. 나남신서 221.

황진구(2000). 청소년 계층 내부의 정보격차 실태 연구. 한국청소년 개발원. 연구보고 00-R21.

통계청(2000). 한국표준직업분류. 행정간행물.

Anderson, R. E. and Sara L. Dexter(2000). 'School Technology Leadership: Incidence and Impact'. *Teaching, Learning and Computing: 1998 National Survey,* Report No.5. Irvine, CA: Center for Research on Information Technologies and Organizations.

Archbald, D. A.(2001). 'Information Technology and the Goals of Standards-based Instruction: Advanced and Continuing Challenges'. *Educational Policy Analysis* 9(48).

Australian Bureau of Statistics(2000). *Use of Internet by householders.*

Backman, C. W. and P. F. Secord(1968). A *social psychological view of education.* NY: Harcourt, Brace and World, Inc.

Becker, H. J. and Sterling, C. W. (1987). 'Equity in School Comupter Use: National Data and Neglected Conside-rations'. *Journal of Educational Computing Research* 3(3). pp.289~311.

Becker, H. J. (1992). *Top Down versus Grass Roots Decision Making about Computer Acqusitions and Use in American Schools.* Report #40. Baltimore, Md.: Center for Research on Effective Schooling for Disadvantaged Students. Johns Hopkins

University.

Becker, H. J. (2000a). *Findings from the Teaching, Learning, and Computing Survey: Is Larry Cuban Right?*. Revision of a paper written for the January, 2000 School Technology Leadership Conference of the Council of Chief State School Officers. Washington D. C.

Becker, Henry Jay(2000b). 'Who's Wired and Who's Not: Children's Access to and Use of Computer Technology'. The Future of Children. *Children and Computer Technology* 10(2). Fall/ Winter 2000. pp.44~75. (http:// www.futureofchildren.org)

Bell, Daniel(1973). *The Coming of Post Industrial Society*. NY: Basic Books.

Beniger, J. R. (1986). *The Control Revolution: Technological and Economic Origins of the Information Society*. MA: Havard University Press.

Bolt, David and Ray Crawford(2000). *Digital Divide: Computers and Our Children's Future*. NY: TV Books, L. L. C.

Brookover, W. et al. (1979). *School Systems and Student Achievement: Schools can make a difference*. NY: Praeger.

Bryk, A. S. and S. W. Raundenbush(1989). 'Toward a more appropriate conceptualization of research on school effects: A Three-level Hierarchical Linear Model'. in *Multilevel Analysis of Educational Data*. by R. Darrell Bock(ed.). Academic press. 성기선 역(1998). 학교효과 연구의 이론과 방법론. 원미사.

Canada, K. and Frank Brusca(1991). 'The Technological Gender Gap: Evidence and Recommendations for Educators and Computer-based instruction Designers'. *Educational Technology Research and Development* 39(2). pp.43~51.

Carvin, Andy (2000). Mind the Gap: The Digital Divide as the Civil Rights Issue of the New Millennium. *MultiMedia Schools* 7(1). pp.56~58.

Castells, M. (1989). *The Information* City. Basil Blackwell. 최병두역 (2001). 정보도시: 정보기술의 정치경제학. 한울아카데미.

Coleman et al.(1966). *Equality of Educational Opportunity*. Washington, D. C.: U. S. Government Printing Office.

CRITO(1999). *Teaching, Learning and Computing: 1998 National Survey*. University of California, Irvine.(http:// www .crito.uci.edu/TLC)

Cuban, L. (1986). *Teachers and Machines: The Classroom use of technology since 1920*. NY: Teachers College Press. 박승배 역 (1997). 교사와 기계: 1920년대 이래 교실에서의 기계 이용. 양서원.

Cuban, L. (1989). 'Neoprogressive visions and organizational realities'. *Havard Educational Review* 59. pp.217~222.

Cuban, L. (2000). *So Much High-Tech Money Invested, So Little Use and Change In Practice: How Come?*. Paper prepared for the Council of Chief State School Officers' annual Technology Leadership Conference. Washington D. C.

Damarin, S. K. (2000). 'The 'Digital Divide' Versus Digital Differences: Principles for Equitable Use of Technology in Education. *Educational Technology.* pp.17~22.

David, J. L. (1994). 'Realizing the Promise of Technology: A Policy Perspective'. In Means et al(ed). *Technology and Education Reform: The Reality Behind the Promise.* Jossey-Bass Publishers. San Francisco. pp.169~189.

Dizard, W.(1982). *The Coming Information Age: An Overview of Technology, Economics and Politics.* NY: Longman.

Edweek(2001). *Technology Counts 2001; The New Divides.* The newest annual report.

Elmore, R. F. and Associates(1990). *Restructuring Schools: The Next Generation of Educational Reform.* San Francisco, CA: Jossey-Bass Inc. Publishers.

Ettema, J. S. and Kline, F. G. (1977). 'Deficit difference and ceiling: Contingent conditions for understanding the knowledge gap'. *Communication Research* 4(2). pp.179~202.

Fulton, K. (1998). 'Learning in a Digital Age: Insights into the issues, the Skills Students Need for Technology Fluency'. *T. H. E. Journal* 25(7). pp.60~64.

Gamoran, A. (1980). 'The Stratification of High School Learning Opportunities'. *Sociology of Education* 60. pp.135~155.

Getzels, J. W. and H. A. Thelen(1960). 'The Classroom Group As A Unique Social System'. In N. B. Henry(ed.). *The Dynamics of*

Instructional Group. The 59th Yearbook of NSSE. Chicago: University of Chicago Press.

Gilster, P. (1997). *Digital Literacy*. NY: John Wiley & Son. 김정래 역(1999). 디지털 리터러시. 해냄.

Gipson(1997). ‘Girls and Computer Technology: Barrier or Key?’. *Educational Technology*. pp.41~43.

Hakins, Ron and Duncan MacRAE(ed.)(1988). *Policies for America's Public Schools: Teachers, Equity, and Indicators*. NJ: Ablex Publishing Corporation.

Halpin, A. W. and D. B. Croft(1962). *The Organizational Climate of Schools*. Washington, D. C.: U. S. Office of Education. Research Project.

Hargreaves, A.(1986). Two Cultures of Schools: the Case of Middle Schools. London: Falmer press.

Hargreaves, A., S. L. Karen and J. Toole(1999). ‘Rethinking school improvement’. In Murphy. J. and S. L. Karen(ed.). *Handbook of Educational Administration*(2nd Edition). pp.251~276.

Heyns, Barbara(1986). ‘Educaitonal Effects: Issues in Conceptualization and Measurement’. Richardson(ed.). *Handbook of Theory and Research for the Sociology of Education*.

Hodas, S. (1993). ‘Technology Refusal and the Organizational Culture of Schools’. *Education Policy Analysis Archives* 19(1).

september 14.

Kahin, B. and E. J. Wilson Ⅲ(eds.)(1997). *NII Initiativies: Vision and Policy Design.* MIT Press.

Katzman, N. (1974a). 'The impact of communication technology: Promise and prospects'. *Journal of Communication.* 39(3). pp.48~60.

Katzman, N. (1974b). 'The Impact of Communication Technology: Some Theoretical Premises and Their Implications'. *Ekistics* 225. pp.125~130.

Kincaid and Rogers, E. M. (1981). *Communication Networks: Toward a New Paradigm for Research.* NY: The Free Press.

Kirkpatrick, H. and Larry Cuban(2000). 'Should We Be Worried? What the Research Says About Gender Difference in Access, Use, Attitudes, and Achievement with Computers'. In *The Jossey-Bass Readers on Technology and Learning.* CA: Jossey-Bass Inc. pp.155~167.

Lee, Valerie E. (2000). 'Using Hierarchical Linear Modeling to Study Social Contexts: The Case of School Effects'. *Educational Psychologist* 35(2). pp.125~141.

Light, Jennifer S(2001). 'Rethinking the Digital Divide'. *Harvard Educational Review* 71(4) pp.709~733.

Loader, Brian D. (ed.) (1998). *Cyberspace Divide: Equality, Agency and Policy in the Information Society.* London & NY: Routledge.

Marien, M. (1996). 'New Communications Technology'. *Telecommunication Policy* 20(5). pp.375~387.

Means, B. et al. (1994). *Technology and Education Reform: The Reality Behind the Promise.* Jossey-Bass Publishers. San Francisco.

Means, B. (1998). 'Models and Prospects for Bringing Technology-supported Education Reform to Scale'. Paper presented at AERA annual meeting. San Diego.

Mehlinger, Howard D.(1996). 'School Reform in the Information Age'. *Phi Delta Kappan* February.

Meyer, Eric T.(2000). 'Information Inequality: UCITA, Public Policy and Information Access'. *Proceedings of the ASIS Annual Meeting* 37. pp.159~165.

Miller et al.(2001). 'Middle School Students' Technology Practices and Preference: Re-Examining Gender Differences'. *Journal of Educational Multimedia and Hyper-media* 10(2). pp.125~140.

Ministry of Industry(1996). *Building the Information Society; Moving Canada into the 21st Century.*

Moursund, David G. (2001). 'The learner and teacher sides of the digital divide'. *Learning and Leading with Technology* 28(5). pp.4~8.

Murray, H. A.(1938). *Explorations in personality.* NY: Oxford University Press.

Naisbitt, J. and Patrica Aburden(1990). *Megatrands 2000.* 김홍기 역 (1997). 메가트렌드 2000. 한국경제신문사.

OECD(2000a). *Knowledge and Skills for Life: first results from PISA 2000.*

OECD(2000b). *Schooling for Tomorrow: Learning to Bridge the Digital Divide.*

OECD(2001a). OECD *Education Indicator: Education at a Glance 2001.*

OECD(2001b). *Understanding the Digital Divide.*

OECD(2002). OECD *Education Indicator: Education at a Glance 2002.*

Oliver, Ron(1993). 'A Comparison of students' information technology skills in 1985 and 1991'. *British Journal of Educational Technology* 24(1). pp.52~62.

Papadakis, Maria C.(2001). *The Application and Implications of Information Technologies in the Home: Where Are the Data and What Do They Say?.* National Science Foundation. Arlington, VA. ED 452050.

Papert, S.(1980). *Mindstorms: Children, computers, and powerful ideas.* NY: Basic Books.

Papert, S.(1992). *The Children's machine: Rethinking school in the age of the computer.* NY: Basic Books.

Perelman, M.(1998). *Class Warfare in the Information Age.* St. Martin's Press.

Poster, Cyril(1999). *Restructuring: The key to effective school management*. NY: Routledge.

Raudenbush, S. W. and Bryk, A. S.(1986). 'A Hierarchical Model for Studying School Effects'. *Sociology of Educa tion* 59. pp.1~17.

Revenaugh, Mickey(2000). 'Beyond the Digital Divide: Pathways to Equity'. *Technology & Learning* 20(10). pp.38~50.

Rogers, M.(1981). *Communication Networks: Toward a New Paradigm for Research*. NY: The Free Press.

Rogers, E. and A. Picot(1985). *The Media Revolution in America and Western Europe*. NJ: Ablex Publishing.

Rogers, E. M.(1986). *Communication Technology: The New Media in Society*. NY: The Free Press. 김영석 역(1994). 현대사회와 뉴미디어: 커뮤니케이션 테크놀로지. 나남신서 53.

Rutter, M. et al. (1979). *Fifthen thousand hours: Secondary schools and their effects on children*. Harvard University Press. MA: Cambridge.

Schafer, W. D. and Shu Jing Yen(2000). 'School Effects Indices: Stability of Oneand Two-Level Formulations'. *The Journal of Experimental Education* 68(3). pp.239~250.

Schiller, H.(1986). *Information Inequality*. NY: Routledge. 김동춘 역(2000). 정보불평등. 민음사.

Stegall, Patrica(1998). 'The Principal; Key to Technology Implementation'. Paper presented at the Annual Meeting of the National Catholic Education Association 95th. Los Angeles. CA.

Stock, Elisabeth(2001). 'Computers for Youth: Why It Makes Sense to Focus Digital Divide Efforts on the Home'. The Digital Beat. Communication Policy and Practice. Feb 22. (http://www.benton.org/DigitalBeat/db0222201. html)

Sutton, R.(1991). 'Equity and Computers in the Schools: A decade of research'. *Review of Educational Research* 6(4). pp.475~503.

Tapscott, D.(1998). *Growing Up Digital: Net Generation.* McGraw-Hill Companies, Inc. 허운나·유영만 역(1999). 디지털·지식혁명의 신물결: N세대의 무서운 아이들. 도서출판 물푸레.

Tapscott, D.(1999). 'Educating the Net Generation'. *Educational Leadership* 56(5). pp.7~11.

Tapscott, D.(2000). 'The Digital Divide'. In *The Jossey-Bass Readers on Technology and Learning.* CA: Jossey-Bass Inc. pp.127~154.

Tetreault, D. R.(2000). 'Technology Equity: Are We Asking the Right Questions?'. *School Business Affairs* 66(8). pp.28~32.

Tichenor, P. T. et al. (1970). 'Mass media flow and differential growth of knowledge'. *Public Opinion Quarterly* 34(1). pp.159~170

The David and Lucile Packard Foundation(2000). *The Future of Children.* 10(2).(http://www.futureofchildren.org.)

Tyack, D. and L. Cuban(1995). *Thinkering toward utopia: a century of public school reform.* MA: Havard University Press.

U. K. Department of Trade and Industry(1998). *Our Information Age: The Government's Vision.*

U. K. DIT(2000). *Closing the Digital Divide: information and communication technologies in deprived areas.* A Report by Policy Action Team 15. http://www.pat15. org.uk

U. S. Department of Commerce(1995, 1998, 1999). *Falling Through the Net.*

U. S. Department of Commerce(2000). *Falling Through the Net: Toward Digital Inclusion.*

U. S. Department of Education(1998). *An Educator's Guide to Evaluating the Use of Technology in Schools and Classrooms 1998.* 한국교육학술정보원 역(1999a). 미국 학교정보화 평가 안내서. 연구자료 RM 1999-4.

UNDP(1999). *Human Development Report.*

Waller, W.(1932). *The Sociology of Teaching.* NY: John Wiley & Sons, Inc.

Warschauer, Mark(2000). 'Technology and School Reform: A View from Both Sides of the Tracks'. *Educational Policy Analysis* 8(4).

Warschauer, Mark(2002). 'Reconceptualizing the Digital Divide'. *First Monday.* peer-reviewed journal of Internet. http:// www.firstmonday.org/issues.

Wresch, William(1996). *Disconnected: Haves and Have-Nots in the Information Age.* New Brunswick, NJ: Rutgers University Press.

Yau, Ray(2000). 'Technology and Equity'. *Principal Leadership* 1(4). pp.54~55.

Yoder, Maureen Brown(2001). 'The digital divide: the problem and its implications'. *Learning and Leading with Technology* 28(5). pp.10~13, 50~51.

·저자·

김민희
(金玟嬉)

·약　력·

한양대학교 사범대학 교육학과 졸업
서울대학교 대학원 교육행정학 석사
서울대학교 대학원 교육행정학 박사

한국방송통신대학교 방송통신교육연구소 조교
중부대학교 원격대학원 강의전담교수
중부대학교 원격대학원 전임강사(현)
한국교원교육학회 사무국장(현)

·주요논저·

「DEA를 활용한 대학교육의 효율성 국제비교(2005)」
외 다수

정보격차와 학교 효과

• 초판 인쇄	2006년 11월 30일
• 초판 발행	2006년 11월 30일
• 지 은 이	김민희
• 펴 낸 이	채종준
• 펴 낸 곳	한국학술정보㈜
	경기도 파주시 교하읍 문발리 526-2
	파주출판문화정보산업단지
	전화　031) 908-3181(대표)·팩스　031) 908-3189
	홈페이지　http://www.kstudy.com
	e-mail(출판사업부)　publish@kstudy.com
• 등　　록	제일산-115호(2000. 6. 19)
• 가　　격	21,000원

ISBN　89-534-6046-8 93370 (Paper Book)
　　　　89-534-6047-6 98370 (e-Book)